새벽기도 신학과
새벽기도 영성

| 박아론 · 안재도 공저 |

THE KOREAN CHRISTIAN THEOLOGY
AND SPIRITUALITY OF
EARLY MORNING PRAYER

쿰란출판사

The Korean Christian Theology and Spirituality of Early Morning Prayer

by

Dr. Aaron Pyungchoon Park, Th. M., Ph.D

and

Dr. Jae Do Ahn, Th. M., Th.D

September 1, 2021
© Qumran Publishing House
Seoul, KOREA

추천사

　오늘날 예장합동 총회의 신학적 기초를 다지고 총신대학교의 신학을 세우는 데 가장 큰 역할을 한 분이 보수주의 개혁신학의 거성, 박형룡 박사였습니다. 그의 신학은 지금까지 합동 총회와 총신이 견고한 보수주의 개혁신학의 기초 위에서 길을 잃지 않고 걸어갈 수 있는 등불이 되어 타오르고 있습니다.

　금번에 박형룡 박사님의 자제이시고 총신대학교 총장을 역임하신 박아론 박사님께서 《새벽기도 신학과 새벽기도 영성》이라는 책을 출간하게 되어 참으로 뜻깊고 축하를 드립니다. 한국 정통 보수신학의 변증신학자인 박아론 박사님은 일찍이 1974년에 《새벽기도의 신학》을 통하여 한국 초대교회의 성장과 부흥의 요인이 되었던 새벽기도의 신학사상을 체계화하여 정립시켰습니다.

　그리고 본 총회 증경총회장 고 안중섭 목사님의 자제이시며, 이민목회 현장에서 필라델피아 벧엘장로교회를 견고한 신학과 영성 위에 부흥시킨 안재도 목사님이 "365일 새벽기도 영성과 삶"을 접목시켜서 이 책의 공동저자로 출간하게 된 것을 매우 기쁘게 생각합니다.

　이 책은 새벽기도 영성의 본래적 모델이신 예수님과 한국교회의 역사에 새벽기도의 등불을 타오르게 한 길선주 목사님을 필두로 하여 새벽기도회 열심자 3인방 '최봉석 목사님의 예수천당 신학', '주기철 목사님의 일사각오 신학'과 '조만식 장로님의 삼천리반도 금수강산 신학'을 아주 상세하고 내러티브하게 서술하고 있습니다.

책을 한 장, 한 장 넘길 때마다 한국교회 믿음의 선진들이 보여주었던 뜨거운 새벽기도의 영성이 살아나면서 우리의 차가운 가슴에 기도의 등불을 밝혀줄 것입니다. 우리의 눈동자가 마르면 불이 꺼지고 심장이 차가워지면 밤이 찾아옵니다.

이 책이 새벽기도의 신학과 영성, 삶을 재조명하며 우리의 메마른 눈동자를 눈물로 적시고, 차가운 심장을 다시 뜨겁게 하리라 기대합니다. 코로나 팬데믹 이후, 영육 간에 침체된 한국교회가 이 책을 통하여 다시 일어나고 부흥 성장할 수 있는 전환점과 치유서가 되어 줄 것을 확신하면서 기쁨으로 추천합니다.

주후 2021년 9월 1일

소강석 목사

(대한예수교장로회(합동) 총회장, 새에덴교회 담임목사)

머리말

한국교회의 정통 개혁주의 보수신학의 진리 파수를 위하여 일평생을 바치며, 수원제일교회에서 목양하면서 한국교회의 성장 모델로 부흥시킨 고 안중섭 목사님의 자제이며 나의 제자인 안재도 목사님과 함께 공동저자로서, 이번에 《새벽기도 신학과 새벽기도 영성》이라는 제목으로 책을 출간하게 됨을 기쁘게 생각한다.

공동저자인 스승이 바라본 제자 안재도 목사는 이국땅 멀리에서 전혀 다른 이질적인 문화와 삶 속에서도 이민 목회자로서 이민 목회사역을 잘 감당하여 성공하였고, 한인 지도자로서 코리안 한인들의 영혼을 위하여 봉사와 섬김과 치유를 위하여 헌신하였으며, 지성과 영성을 겸비한, 직업적이 아닌 목회하는 신학자로서 벧엘신학대학(BCS)을 세우셨다. 그리고 영혼 구원을 위하여 전 세계 지구촌을 뛰어다니면서 '22개 지 교회'들을 개척하여 세우고, 연속적으로 '30개 벧엘 신학대학 분교'들을 설립하여 천국 일꾼들을 양육하며, 예수 그리스도를 알지 못하는 영혼들에게 복음을 전하며 선교하고 계신다.

이 책은 나의 《새벽기도의 신학》에서 나오는 한국교회의 새벽기도의 역사적 배경과, 오늘날 한국교회로 성장 부흥시킨 새벽기도의 신학사상을 기초로 하였고, 그리고 새벽의 영성을 가진 신앙 인물인 길선주 목사의 최초의 새벽예배와 한국적 새벽기도회의 '모범적

'열심자' 3인방 최봉석 목사의 '예수천당 신학', 주기철 목사의 '일사각오 신학', 그리고 조만식 장로의 '삼천리반도 금수강산 신학'을 조명하고 분석 통찰함과 동시에, 제자 안재도 목사의 책 《개혁주의 영성과 삶》에서 나오는 존 칼빈(John Calvin)의 '경건 영성'과 그의 '365일 매일 새벽예배'를 통하여 이룩한 '새벽 영성'과 삶을 접목시켜서 한 권의 책으로 출간하게 되었다. 이것은 참으로 기쁜 일이다.

특별히 코로나바이러스 감염증(Covid-19)이 온 세상을 휩쓸고 있는 지금, 그리고 그것이 지나간 후에도 오래오래 이 책이 영육 간의 고통과 낙망 중에 있는 많은 성도들에게 영적 치료제가 될 것이며, 신학을 배우는 신학도들이나 교역자들의 목회사역 위에 군림하는 영적인 원동력이 될 것이고, 그리고 사랑이 메말라 가며, 눈물이 없고, 가슴이 병든 현대 크리스천들에게 새벽을 깨우며 하나님의 음성을 듣도록 만드는 새벽 기도의 필독서가 되기를 소망한다.

할렐루야, 아멘!

주후 2021년 9월 1일
박아론 박사(Ph.D)
(총신대학교 전 총장
필라델피아 벧엘신학대학(BCS) 명예총장)

공동저자 서문

기독교 역사적으로, 1905년 영국 웨일스(Wales) 지방에서 영적 부흥운동이 일어났다는 소식을 듣고, 1906년 길선주 목사가 몇 명의 교우들과 함께 새벽기도를 시작하였다. 1907년 드디어 평양 장대현교회에서 출발한 새벽기도회를 비롯한 부흥사경회는 한국교회의 영적각성운동의 불길이 솟아오르도록 하였고, 이후 한국교회는 급성장 부흥하였다. 이것은 세계 기독교 역사상 유례가 없었다고 할 만큼 크고 빠른 성장과 부흥이었다. 그러나 1980년대 후반부터 한국교회는 점점 성장이 약화되었고, 심지어 최근에 와서는 교회의 문을 닫는 일도 생겼다. 교인들의 숫자도 점점 감소되어 마침내 마이너스 성장이라는 데까지 도달하게 되었다

사회학적으로는 오늘 지구촌의 두 가지 현상은 소돔과 고모라의 불덩어리처럼 솟아오르는 신종 코로나 바이러스 감염증(Covid-19)으로부터 오는 육적 고통과 영적 침체이다. 지성과 영성의 거장인 프랜시스 쉐퍼(Francis A. Schaeffer) 박사의 후계자이며 필자의 은사이신 제람 바즈(Jerram Barrs)는, "오늘날 현대인들에게는 지적 전쟁이 일어나고 있으며, 그들의 마음을 격동케 하고, 기독교의 참된 진리를 상실케 하며, 더 나아가서 크리스천 신앙을 정신분열증 현상으로 일으키고 있다"라고 지적하였다.

이러한 상황과 위기 속에서 오늘날 한국교회가 제자리에 멈추면서 마이너스 성장과 환난 속에서 재기하여 성장 부흥하려면, 그리고 현대 크리스천들이 건강한 영적인 삶을 살려면 어떻게 해야 할 것인가? 그것은 '오직 말씀'(sola scriptura)으로 돌아가는 운동이다. 프랜시스 쉐퍼 박사는, "병들고 세속화된 시대에 살고 있는 크리스천의 참된 영성은 기독교 진리의 말씀을 올바른 명제로 삼고 마음과 뜻과 목숨을 다하여 하나님을 사랑하는 삶이다"라고 말하였다. 그리고 그것은 무엇보다도 종교개혁자 마틴 루터(Martin Luther)의, "만약 내가 매일 새벽마다 2시간을 기도하지 않는다면 그날의 승리는 마귀에게 돌아갈 것이다"라는 말처럼, 한국교회가 새벽기도의 영성을 회복하는 길이다.

이 책을 저술하는 일에 은사 박아론 박사님과 공동저자의 위치에 감히 설 수 없는 입장이었지만, 두 가지 이유로 함께 저술하게 된 것 같다. 하나는 스승이 제자를 사랑하시는 특별한 은혜로 말미암아 이 자리에 서게 됨을 참으로 감사드린다. 다른 하나는 스승 박아론 박사님께서 제자가 섬기는 필라델피아 벧엘장로교회를 20여 년 동안 참석하시면서 벧엘 제단의 트레이드마크인 '365일 매일 새벽기도!' 하는 사역을 친히 보시고 공동저자의 자리에 기쁘게 동참하신 것으로 생각하면서 감사를 드린다.

이 책 내용의 뼈대는 모두 미국 정통 개혁주의에서 최고 변증신학자인 코넬리우스 밴틸(Cornelius Van Til) 박사의 제자이며, 한국 정통보수 신학계의 최고의 변증신학자이며, 그리고 한국교회의 새벽기도 신학을 최초로 정립시킨 스승 박아론 박사의 《새벽기도의 신학》에 나오는 새벽기도의 신학사상과 함께 그의 제자인 필자의 저술 《개혁주의 영성과 삶》에서 나오는 존 칼빈(John Calvin)의 개혁주의 영성의 내용들을 정리하여 결론을 맺었다. 따라서 《새벽기도 신학과 새벽기도 영성》은 하나의 순수한 창작이라기보다는 '스승의 새벽기도의 신학사상'과 '제자가 새벽기도에서 경험한 영성과 그의 삶'을 함께 묶어 집필한 책이라고 말할 수 있다.

앞으로 이 작은 책이 한국교회의 성도들과 신학도와 목회자들과 영성 탐구자들에게 조금이나마 도움이 된다면 정말 감사하겠다. 하나님께 크신 영광과 감사를 돌린다. 더 나아가서 한국교회의 '수출 명상품'으로서 《새벽기도 신학과 새벽기도 영성》이 한국교회를 다시 성장 부흥시키는 데 영적 에너지가 되며, 각종 영육 간의 질병과 바이러스들로 말미암아 육적인 고통과 영적인 침체를 당하는 모든 크리스천들을 치유하는 영적 치료제가 되고, 그리고 세계 지구촌에 존재하는 구 기독교권인 서구와 아메리카에 역수출되어서 침체와 파멸의 바다 속에서 진정한 '등대와 구명띠'의 역할을 감당하기를 소원한다.

마지막으로, 이 책을 출간하도록 기도와 물심양면으로 적극 협력해 주신 필라델피아 벧엘장로교회의 성도님들과 출판을 맡아 주신 쿰란출판사 대표 이형규 장로님과 모든 직원들에게 진심으로 감사를 드린다.

주후 2021년 9월 1일
안재도 목사(Th. D)
(미국 필라델피아 벧엘장로교회 담임
필라델피아 벧엘신학대학(BCS) 총장)

차례

추천사 | 소강석 목사
(대한예수교장로회(합동) 총회장, 새에덴교회 담임목사) _ **4**

머리말 | 박아론 박사
(총신대학교 전 총장, 필라델피아 벧엘신학대학(BCS) 명예총장) _ **6**

공동저자 서문 | 안재도 목사 _ **8**

제1장	영성과 영성신학	14
제2장	존 칼빈과 개혁주의 영성	26
제3장	새벽기도 영성의 본래적 모델 예수 그리스도	39
제4장	새벽기도 영성의 역사적 모델 길선주 목사	67
제5장	새벽기도 신학과 새벽기도 영성의 관계성	85
제6장	한국 새벽기도회 열심자 최봉석 목사의 신학과 영성 (예수천당 신학 / 복음전도 영성)	105
제7장	한국 새벽기도회 열심자 주기철 목사의 신학과 영성 (일사각오 신학 / 진리투쟁 영성)	138
제8장	한국 새벽기도회 열심자 조만식 장로의 신학과 영성 (삼천리반도 금수강산 신학 / 애국헌신 영성)	169
제9장	평가와 결론	193

참고문헌 _ 222
색인 _ 228

제1장

영성과 영성신학

역사적으로 영성(spirituality)의 의미는 광범위하게 다양한 방법으로 사용되어 왔기 때문에 기독교 영성의 개념을 정의하기에는 쉬운 일이 아니다. 이 용어는 다양한 포괄적인 의미를 지니고 있으면서도 기독교에서만 사용되었을 뿐만 아니라 비기독교에서도 널리 사용되어 왔다.

우리말 한글 대사전에 의하면, "영성은 신령한 품성이며 성질이다"[1]라 하였고, 웹스터(Webster) 영어 대사전에는, "영성은 정신적인

---

1) 이희승, 《국어대사전》 (서울: 민중서림, 1990), p. 2554.

것이다"[2]라고 하였다. 또한 다른 종교에서도 영성에 대하여 각각 다르게 사용되어 왔다. 불교에서는 '심성'(心性)이라고 하며, 힌두교와 요가에서는 '프라나'라 하고, 동양철학과 도가(道家)에서는 '기'(氣)라고 하고, 철학에서는 '이성'(理性, Logos)이라 하고, 심령학에서는 '인체방사능'이라고 하며, 정신치료계에서는 '인적 하다움'이라고 불리고 있다.

소위 세상 사람들이 말하는 "세속적 영성은 자기가 보기에 어떤 이상적인 정신이나 이념들을 좋게 여겨 그것들을 실천하기 위하여 자신의 생명까지라도 바칠 각오로 그 사상이나 이념들에 철저하게 지배받아 사는 것을 의미한다."[3] 예를 들어 말한다면, 유교적 전통 속에 살면서 '효'의 사상의 실천을 가장 중요한 가치로 생각하고 조상제례를 '효' 실천에 중요한 몫으로 생각한다든가, 또한 소크라테스(Socrates)의 정신과 세계관과 그의 삶의 스타일을 배우고 그 정신을 실천하며, 이를 위하여 장기적인 엄격한 훈련을 쌓아 자기의 것으로 삼아 산다든가, 그리고 공산주의를 받아들여 그 사상에 철저하게 지배를 받아, 지금까지 그 사상을 모르고 살아온 과거를 후회하고서 조직적인 훈련을 통해 이제는 공산주의자가 되어 사는 것이 세속적인 영성이다.

그러므로 세속적인 영성은 어떤 역사적인 인물이나 세속적인 정

---

2) David B. Guralnik ed., *Webster's New World Dictionary of American English*, Third College Edition (New York: Simon & Schuster, Inc., 1988), p. 1293.
3) 오성춘, 《영성과 목회》 (서울: 장로회신학대학교 출판부, 1997), pp. 43-49.

신과 사상들을 받아들여 인간적인 수련이나 극기훈련을 통해 자기 나름대로 사람됨을 추구하든가 자신의 삶을 바꾸려는 인간적인 노력이요, 인본주의적 영성이다. 더 엄격히 말해서, 세속적인 영성은 인간의 정신이나 이념과 관련된 인간적인 수련이기 때문에 영성이라기보다는 '정신성'이라고 해야 할 것이다.

사도 바울은 그의 바울서신(Paul's epistles)에서 영과 육, 영과 물질을 대립시키는 것이 아니라 영적인 것을 말할 때에는 성령을 따르는 것이고, 육적인 것을 말할 때에는 성령을 거스르고 인간의 욕심과 의지를 따르는 것으로 교훈하였다.

"육에 속한 사람은 하나님의 성령의 일들을 받지 아니하나니 이는 그것들이 그에게는 어리석게 보임이요, 또 그는 그것들을 알 수도 없나니 그러한 일은 영적으로 분별되기 때문이라"(고전 2:14).

"육신을 따르는 자는 육신의 일을, 영을 따르는 자는 영의 일을 생각하나니"(롬 8:5).

"너희는 성령을 따라 행하라 그리하면 육체의 욕심을 이루지 아니하리라 육체의 소욕은 성령을 거스르고 성령은 육체를 거스르나니 이 둘이 서로 대적함으로 너희가 원하는 것을 하지 못하게 하려 함이니라 너희가 만일 성령의 인도하시는 바가 되면 율법 아래에 있지 아니하리라"(갈 5:16-18).

위와 같이 사도 바울이 가르친 영적이라는 것은 물질적인 것과 대립되는 것이라기보다는 성령을 따르는 것을 말한다. 그리고 육적인 것이라는 것은 성령을 따르지 않고 자신의 욕망과 의지를 따르는 것을 의미한다.

초기 기독교 역사에 의하면, '영성'이란 단어를 처음 사용한 사람은 리에츠(Riez) 지방의 감독이었던 파우스투스(Paustus of Reiz)였다. 그의 글 중에는 "영성의 발전을 위하여 행동하라"(Age ut in spiritualitate proticas)라는 말이 있는데, 거기서 spiritualitate라는 말이 나온다. 여기서 파우스투스가 사용한 '영성'이라는 말의 의미는 사도 바울의 말대로, '성령을 따르라'는 뜻과 동일한 것이었다.

그런데 9세기경 베네딕트(Benedict) 수도원이 있던 풀다(Fulda)의 수도사인 칸디두스(Candidus)는 spitualitas를 corporalitas 또는 materialitas, 즉 '육체성' 또는 '물질성'이라는 말과 반대되는 개념으로 사용하였다. 그래서 이후에는 영성이라는 말을 육체성과 물질성과 대립적으로 사용하는 용어가 되었다.

12세기 이후, 중세시대의 스콜라 신학자인 토마스 아퀴나스(Thomas Aquinas)는 《신학대전》(Summa Theologica)에서, 처음부터 사도 바울의 가르침을 따라서 '성령을 따른다'는 의미로 영성이라는 단어를 사용하였다. 그러나 후반부에 가서는 대부분 칸디두스(Candidus)를 따라서 육체적인 것이나 물질적인 것과 반대되는 개념

으로 사용하였다.[4]

　20세기, 현대 로마 가톨릭 교회에서 영성의 독특한 모델을 대변하는 사람은 토머스 머튼(Thomas Merton)이었다. 그는 프랑스 태생으로 27년간 트라피스트(Trappist) 수도사로서 미국 켄터키의 겟세마네 수도원에서 활동하였다. 그는 제2차 세계대전이 일어나자 현대인의 영적 정신적 고갈상태를 한탄하면서, 이 위기를 극복하고자 영혼의 깊은 곳에서 하나님과의 만남 체험을 강조하면서, 끊임없는 관상(명상)을 통해서 하나님과 깊은 영적 교제를 나누며, 그 교제 속에서 하나님의 눈으로 역사를 보며 역사 변혁과 사회구조 갱신에 적극적인 관심을 기울였다.

　토머스 머튼의 기도는 3단계[5]가 있다. 첫째는, '자아성찰의 기도'(reflexive prayer)이다. 이 기도는 자아의 눈으로 자신을 성찰하며 인간의 뜻이 지배하는 기도이고, 자아가 기도의 주체이다. 둘째는, '묵상기도'(meditative prayer)이다. 이 기도는 세상과 단절하고 하나님의 뜻을 구하는 데 적극적이나, 아직도 자아가 살아 있는 상태이다. 셋째는, 온전하고 참된 기도, 곧 '관상기도'(contemplative prayer)이다. 이 기도는 인간적인 일체의 뜻을 포기하고, 자신을 비우고 정화하여 성령의 뜻과 일치하려는 기다림의 기도이다. 이 기도는 마음의 기도로

---

4) 정용석,《기독교 영성의 역사》(서울: 은성, 1977), p. 23.
5) 토머스 머튼,《가장 완전한 기도》, 오무수 역 (서울: 성바오로, 1994), pp. 25-28; Richard J. Foster, *Celebration of Discipline: The Path to Spiritual Growth* (San Francisco: A Division of Harper Collins publishers, 1998), pp. 19-20; 오성춘, *op. cit.*, pp. 65-68; 나용화,《영성과 경건》(서울: 기독교문서선교회, 1999), pp. 20-21.

서, 하나님의 영혼 깊은 곳에 임하여 온갖 잡념을 제거하고 인간 전 존재로 드리는 기도이다. 그래서 이 기도는 인간의 죄성을 발견하고 참회하며 정화하고 뜨거운 하나님의 사랑을 체험함으로 평화와 기쁨이 충만하다.[6] 한마디로 말해서 토머스 머튼이 관상을 통해서 영성을 개발하고, 그리고 수도사가 된 이후 죽기까지 27년간의 그의 삶은 관상을 통한 영성 실천의 삶이었다.

그리고 토머스 머튼의 3단계 기도원리와 리처드 포스터(Richard J. Foster)의 기도훈련 속에서, 포스터는 자아성찰 기도는 회개기도로서 예수 그리스도의 대속의 은혜와 공로를 근거로 하며, 묵상기도는 하나님의 선하심과 공의로우심을 체험하면서 그에게 감사하고 찬양하는 기도이며, 관상기도를 대신하여 이웃을 향한 중보기도를 강조하였다.

이러한 가운데 토머스 머튼의 3단계 기도는 성경적으로 적절치 못하며, 관상기도는 방법적인 면에서 비기독교적인 색채가 짙다고 말한다. 왜냐하면 관상기도는 성경의 말씀과 예수 그리스도를 중심하고 있는 듯하나, 방법상으로는 비기독교적이며 중보기도가 빈약하게 보인다. 그러므로 관상기도는 로마 가톨릭 교회의 기도 영성과 방법에 의존하고 있으며, 불교나 뉴에이지 운동(new age movement)과 혼합된 느낌을 주고 있다.[7]

---

6) *Ibid*.
7) *Ibid*.; Richard J. Foster, *Prayer* (San Francisco: Harper & Row, 1992).

기독교 영성신학자 고든 웨이크필드(Gordon S. Wakefield)는 그의 《기독교 영성사전》(A Dictionary of Christian Spirituality)에 말하기를, "영성은 사람들의 삶에 활기를 주고 그들이 초감각적인 실체들과 접촉하는 일을 도와주는 태도, 신념, 관습 등을 묘사하기 위해 크게 유행하기 시작한 단어이다. 이것은 기독교 영성은 단순히 '내면생활'이나 속사람만을 위한 것이 아님을 의미한다. 그것은 영을 위한 것인 만큼 몸을 위한 것이기도 하며, 하나님을 사랑하고 이웃을 사랑하라고 하신 그리스도의 두 가지 계명의 이행을 지향한다. 진정으로 우리의 사랑도 하나님의 사랑과 마찬가지로 모든 피조물에게까지 확대되어야 한다. 진정한 기독교 영성이 미치는 범위 안에는 인간과 자연 모두가 포함된다"[8]라고 정의하였다. 여기에서 웨이크필드는 영성 이해는 단지 인간생활의 전체에 걸친 특성으로서 그 중심에 인간과 하나님의 관계를 강조하였다.

기독교 영성신학자 노만 샤우척(Norman Schawchuck)은 기독교 영성의 관계는 예수 그리스도와의 관계의 삶이며, 하나님의 선물임을 정의하였다. 그는 말하기를, "기독교의 영성은 주 예수님과의 관계의 삶이다. 이 관계는 그리스도인의 체험적인 실체이며, 그리스도인에게 선물로 주시는 것이지 대가로 주는 보상이 아니다"[9]라고 전제한 뒤 계속하여 3가지를 강조하였다.

---

8) Gorden S. Wakefield ed., *The Westminster Dictionary of Christian Spirituality* (Philadelphia: Westminster Press, 1983), pp. 361-362.
9) Norman Shawchuck, *A Guide for Prayer for Minister and Other Servants* (Nashville: The Upper Room, 1983), pp. 1-2.

"첫째, 기독교 영성이 주 예수 그리스도와의 영적인 교제라는 사실을 강조한다. 기독교 영성의 핵심은 신자들의 새로운 성품을 개발하는 것이 아니라, 성도들과 예수 그리스도의 인격적인 교제를 개발하는 것이다. 둘째, 주 예수 그리스도와의 인격적인 교제는 삶의 변화를 가져온다. 기독교 영성은 예수 그리스도와 인격적인 교제 가운데 주님의 능력과 사랑의 역사를 힘입어 새로운 변화의 체험까지 이르는 삶의 과정이다. 셋째, 이 모든 것이 하나님의 은혜의 선물의 결과이다. 기독교 영성은 우리가 노력하여 주님과의 만남을 이루는 것이 아니라 주님이 먼저 우리를 향하여 부르실 때에 만날 수 있고, 그분이 친히 우리에게 능력을 베풀 때에 우리는 변화를 받을 수 있다."[10]

그러므로 노만 샤우척의 영성은 한마디로 예수 그리스도와의 인격적 교제이다. 이 인격적 교제는 삶의 변화를 가져오는 동시에 하나님의 은혜의 선물임을 강조하고 있다. 그의 영성은 성령으로 말미암아 열매 맺는 영적 성품의 계발로서의 회개와 성화를 강조하기보다는, 예수님을 인격적으로 본받는 가운데 계발되는 성품과 삶의 변화를 강조하고 있는 것이다.

한국의 영성 신학자에 의하면, 기독교 영성은 하나님과의 인격적인 관계요, 그리스도와의 관계의 삶이라고 본다. 즉 성령의 능력으로 사는 삶이다. 하나님의 생명이 우리의 모든 삶에 유익을 주는 삶

---

10) 오성춘, *op. cit.*, pp. 50-51.

이요, 하나님의 눈으로 세상을 보고 성령의 인도를 따라 살며, 하나님의 생명의 삶에 자신을 참여시키는 삶이다. 그리고 기독교 영성훈련은 이제 성령을 통해서 오신 예수 그리스도와의 만남과 교제에 초점을 맞추어 '나' 개인을 위한 수련을 하는 것이 아니라 주 예수 그리스도와의 만남과 교제를 훈련하는 것이다.[11] 즉, 기독교 영성을 한마디로 요약한다면, "하나님과 예수 그리스도의 만남을 통해 초월적 경험을 가지며, 이로써 자아가 변화하고 역사 속에 주체적으로 참여하는 것이다"[12]라고 정의할 수 있다. 그리고 성경말씀 묵상과 기도훈련, 성찬예식 등 기독교의 전통적인 은혜의 수단과 관련지어 기독교 영성을 논하고 있으며, 또한 구약 선지자 이사야의 영적 각성이나 1907년도 평양 영적 부흥운동에서 일어난 성령 체험을 통한 인간의 죄와 회개를 강조하고 있다.

그러나 또 다른 한국의 영성 신학자에 의하면, "빌립보서 2장 7절에 '자기를 비워'라는 문구를 잘못 오해하여 이것을 남미의 해방신학적 관점에서 받아들임으로, 영성 개념은 성경적으로나 신학적으로 볼 때는 정통적인 것 같으면서도 정치신학적인 것이 혼합되어 있다"[13]라고 비판하고 있다.

고대 교부시대에서는 영성신학(spiritual theology)이 신학의 주류를 이루어 왔다. 12세기부터 시작하여 15세기 사이에는 유럽을 중심으

---

11) *Ibid.*, pp. 68-76.
12) *Ibid.*
13) 나용화, *op. cit.*, pp. 22-23.

로 한 영국, 독일, 이탈리아, 프랑스 등에서 기독교 신비가들의 출현으로 꽃을 피웠다.

그러나 16세기 종교개혁 이후 개신교 교회에서는 말씀 중심, 교리 중심, 윤리 중심의 신학이 지배적이어서 영성신학은 별로 주목을 받지 못하였다. 이후 근대의 개신교 신학이 기독교 영성의 신학적 요소를 배제하거나 등한시한 것은 매우 불행한 일이었으나, 다시 개신교 교회 안에서 영성신학에 대한 관심을 되찾게 되었고, 그리고 신학교육의 중요한 내용으로 새롭게 등장하게 된 것은 최근의 일이다.

시대적으로 기독교의 영성에 대한 정의를 각각 다르게 말하고 있다. 가톨릭 교회에서는 영성을 성자들(saints)에 대한 숭배, 유품들에 대한 찬미, 성체, 참배, 대중 축제에서 사제의 교주적 기능, 화해적 중보기능을 말한다. 수도사적 사람들은 영적 사람들을 금욕주의자와 동등시하며, 이상주의자들은 명상의 추구를 향한 삶의 헌신으로 영성을 말한다. 기독교인들은 종교적 이유에서 극도의 자기 부정과 자기 고행으로, 다른 기독교인들은 예수 그리스도를 향한 승리에 대한 삶으로, 또 다른 기독교인들은 교리를 통한 자신의 개선된 삶으로, 그리고 대부분의 복음주의자들은 성 어거스틴이나 존 칼빈의 영성을 지지하면서 하나님을 사랑하며 형제를 사랑하는 것이 영성이라고 한다.[14]

---

14) 이완재, 《영성신학 탐구》 (서울: 성광문화사, 2001), pp. 163-164.

이러한 역사적인 관점 속에서, 영성신학은 기독교 영성 전반에 관한 기독교 신앙의 본질과 그리스도인의 영적인 삶과 성장의 원리를 새로운 방법으로 연구하는 학문이라 말할 수 있다. 영성(spirituality)과 신학(theology)은 서로 밀접한 관계를 가지고 있으며, 영성은 신학에 의하여 행동으로 표현되고 있다.

랙 헨리(Rack Henry)는, "영성이란 기독교인의 전반적인 기획으로 들어가기 위하여 탐구하고, 하나님과 함께하는 영교의 성취와 신장으로, 이는 공적인 예배와 개인 신앙을 포함하는 기독교인의 생활 전반에서 실제적으로 나타나는 모형의 결과이다"[15)]라고 정의하였다.

그리고 제임스 패커(James Packer)는, "영성은 하나님과 함께하는 영교의 신장, 성취, 탐구를 위하여 기독교 전체 안으로 들어가는 연구를 위한 진취적 정신, 하나님 사랑과 형제 사랑에 대한 기독교 신비에서의 올바른 신앙 체험과, 그에 따른 공적 예배와 개인적인 경건의 헌신된 신앙의 양면을 포함하여, 이를 실천하는 기독교 생활의 실제적인 삶이다. 영성의 이름은 가톨릭 교회에서는 금욕주의 신학으로서 관례적 훈련과 실천하는 의미로 사용되었고, 청교도에서는 영적, 도덕적, 금욕적, 경건적 헌신과 양심의 사례와 문제해결의 연구를 위한 양심 사례의 신학, 혹은 헌신하는 경건신학이라 불렸고, 그리고 정통교회에서는 영적 신학과 영적 생활, 혹은 신비신학이라

---

15) *Ibid.*

부른다"[16]라고 하였다.

그러므로 '기독교 영성신학'은 시대의 흐름과 풍조에 휘말리며 세상으로부터 도피하여 은둔하는 영성이 아니라, 우리의 일상생활 속에서 하나님의 자녀로서 예수 그리스도의 말씀과 삶에 기초하여 성령의 역사와 함께 인간의 믿음과 영적 훈련으로 결합된 '신인협동론적 영성'(synergistic spirituality)[17]에 관한 구체적인 연구를 통하여 개발하는 신학의 한 분야라고 할 수 있다.

---

16) *Ibid*.
17) 류기종, 《기독교 영성》 (서울: 은성, 1997), p. 35.

제2장

존 칼빈과 개혁주의 영성

개혁주의 전통[18]에서는 영성(spirituality) 또는 영적(spiritual)이란 단어들을 많이 사용하지 않았으며, 매우 회의적인 자세를 취하여 왔다. 그리고 이런 것들 때문에 개혁주의 개신교도들의 삶을 매우 불편하게 만들었다. 그 이유에 대하여 하워드 라이스(Howard Rice)는, "영성이라는 단어는 물질적인 생활에 반대되고 떨어져 있는 한 영역을 암시한다. 이 단어를 사용하는 사람들은 삶이 서

---

18) 개혁주의 전통은 "개혁교회는 항상 개혁되어야 한다"라는 것이 그들의 표어였다. 개혁주의 전통은 16세기, 즉 1523년부터 1531년 츠빙글리(Huldrych Zwingli)가 죽을 때까지 그의 주도하에 취리히(Zurich)에서, 그리고 1536년부터 1564년까지 존 칼빈(John Calvin)이 죽을 때까지 그의 주도하에 제네바(Geneva)에서 행해진 스위스 종교개혁에 그 뿌리를 두고 있는 개신교 교단들을 포함한다.

로 분리되고 독립적이거나 서로 경쟁적인 두 개의 영역들로 나뉜다고 믿는 경우가 많다. 이러한 분리는 영성에 대한 부당한 평가이다. 그리고 이것은 스스로 자신이 영적이며 다른 사람들의 일상적인 다툼과 혼란과 어리석음을 넘어서 있다고 믿는 그리스도인들을 관찰한 데서 비롯된 것이다. 교회에서는 이와 같은 사람들이 너무나 많다. 그 때문에 영성에 대한 이러한 잘못된 개념들이 형성되고 유지되는 것이다"[19]라고 설명하였다.

또 다른 한편으로는, 개혁주의 전통에서 '영성'이란 용어는 자주 사용되지 않았지만, 대신 '경건'(piety)이란 단어가 오늘날 사용되고 있는 '영성'이란 말과 같은 맥락의 의미로 사용되어 왔다.

존 칼빈(John Calvin, 1509-1564)은 기독교 역사에서 사도 바울을 제외하고는 가장 큰 영향을 끼친 사람 중 하나이다. 개혁의 기치를 높이 들고 목숨을 걸고 싸웠으며, 16세기 이후 정치, 경제, 종교, 문화, 윤리 등 다양한 부분에서 유럽과 전 세계에 지대한 큰 영향력을 끼쳤던 인물이다. 특별히, 개혁주의 신학의 기초를 세우며 뼈대를 형성하였던 존 칼빈은 원래 '영성'이란 용어를 사용하지 않았으며 강조하지도 않았다. 이러한 근거로 말한다면, '칼빈의 영성'이라는 말을 사용하는 것은 신학의 방법론에서 중대한 오류를 범한 것이라고 주장할 수 있다.

---

19) Howard L. Rice, *Reformed Spirituality: An Introduction for Believers* (Louisville, Kentucky: Westminster/John Knox Press, 1985), p. 45.

리처드 갬블(Richard Gamble)은 "16세기에 살았던 칼빈에게 20세기 신학자들의 개념을 가지고 대입한다는 것이 방법론적으로 옳지 않다"[20]고 주장하였다. 그리고 "20세기 신학자들이 즐겨 쓰는 영성이라는 개념은 매우 혼란을 가져오는 애매한 개념이다. 그렇기 때문에 적어도 칼빈의 신학에서만큼은 칼빈이 한 번도 사용하지 않았던 '영성'이란 단어를 이용하기보다는 '경건'(piety)이란 개념으로 사용해야 할 것이다"[21]라고 하였다.

또 다른 한편으로는 '경건이냐? 영성이냐?'에 대한 용어 채택의 문제에 관하여서는 "칼빈의 영성은 경건 영성"[22]이라고 말할 수 있다. 그 이유에 대해서는, 성경에 삼위일체라는 말은 어디에서도 찾아볼 수 없지만 정통교회에서는 성경의 가르침에 근거해서 삼위일체 논쟁은 기독교 교리사에서 한 번도 그친 적이 없었다. 정통교회는 그 교리를 사수하기 위하여 목숨을 걸고 싸웠다. 그만큼 삼위일체라는 용어는 기독교의 신앙과 신학의 중심 용어가 되어 왔다.

존 칼빈의 신학과 영성은 개혁주의 신학의 주춧돌을 만들었으며, 또한 그의 경건사상은 개혁주의 영성신학의 첫 출발점이 되었다. 여기서 영성신학의 입장에서 볼 때 '경건이냐?' 혹은 '영성이냐?'에 대한

---

20) 김재성,《칼빈의 삶과 종교개혁》(서울: 이레서원, 2001), pp. 522-523.
21) Ibid., pp. 524-525.
22) 송삼용,《영성의 거장들》(서울: 기독신문사, 2003), p. 19. 여기에서 그는 개혁자들의 영성을 언급하면서, 존 칼빈의 영성은 경건영성, 존 오웬의 영성은 친교영성, 조나단 에드워즈의 영성은 신전영성, 조지 휫필드의 영성은 불꽃영성, 찰스 스펄전의 영성은 목회영성, 로이드 존스의 영성은 강단영성, 그리고 존 스토트의 영성은 총체적 영성이라고 표현하였다.

용어 채택의 문제가 제기된다. 이 문제에 대하여는 칼빈의 '경건 영성'(spirituality of piety)이라고 전제하여 부를 수 있다. 그 이유는 칼빈의 영성은 한마디로 '경건'(pietatis)이었기 때문이다. 칼빈 신학자 필립 홀트롭(Philip Holtrop)은 "칼빈의 신학은 경건 신학(theologia pietatis)"[23]이라고 불렀고, 요셉 리처드(Joseph Richard)는 칼빈의《기독교 강요》에서 나오는 "칼빈의 영성은 경건(pietatis)이라는 말로 표현할 수 있다"[24]라고 주장하였기 때문이다. 그러므로 존 칼빈의 영성은 경건 영성이다. 그리고 그의 경건 영성은 개혁주의 영성이다.

존 칼빈과 개혁주의 경건 영성은 2가지 사상으로부터 영향을 받았다. 첫 번째 영향은 '인문주의'(humanism)[25]이다. 3대 신학자 게르송(Gerson), 페트라취(Petrarch), 에라스무스(Erasmus)는 16세기 프랑스 종교 및 사상의 흐름에 있어서 인문주의와 신경건주의 영성에 큰 영향을 끼쳤다.

원래 칼빈은 개혁의 길로 들어서기 전까지만 해도 인문주의 학자가 되는 것이 평생의 목표였기 때문에 여기에 열중하였고, 다른 많은 종교개혁자들도 인문주의의 영향을 직, 간접으로 받았다. 인문주의자들은 경건에 대하여 말하기를, "체험한 경건"이라고 표현하였

---

23) Philip C. Holtrop,《기독교강요 연구핸드북》, 박희석 역 (크리스챤 다이제스트, 2003), p. 13.
24) Lucien Joseph Richard, *The Spirituality of John Calvin* (Atlanta: John Knox Press, 1974), p. 102.
25) *Ibid*., p. 48; Jill Rait ed., *Christian Spirituality: High Middle Ages and Reformation* (New York: Crossroad Publishing Company, 1994), p. 463; Kenneth Dcott Latourette, *A History of Christianity* (London & New York: Harper & Row, Publishers, 1953), pp. 745-746 참조.

다. 그들은 인간에게 가장 가치 있는 지식은 자기 자신과 운명에 대하여 아는 것이라고 하였다. 하나님이 누구인가를 알려고 하면 자기 자신을 알아야 하고, 자기 자신을 알지 못하고는 하나님을 알 수 없기 때문이라고 하였다. 인간의 자기 지식은 신앙과 성육신에 의하여 형성될 수 있고, 따라서 경건을 인간의 최고 덕목으로 보았다.

두 번째 영향은 '신경건운동'(devotio moderna)이다.[26] 이 운동이 일어나게 된 역사적 동기를 살펴보면 이렇다. 9세기부터 11세기 초 당시 수도원들의 엄청난 타락이 개혁운동을 불러왔고, 또 다른 한편으로 이 운동은 중세 후기시대의 영성사에서 찬란한 꽃을 피웠으며, 종교개혁의 서곡이 되었다. 이 운동은 네덜란드 사람인 데벤테르(Deventer)의 게라드 그로테(Gerard Groote, 1340-1384)가 회개와 경건생활을 강조하는 설교를 함으로써 그 지역에서 시작되었다.

특별히 서방 기독교 역사에 있어서 가장 영향력을 끼친 경건서이며, 신경건운동의 산물이며 대표자인 토마스 아 켐피스(Thomas a Kempis)의 저서 《그리스도를 본받아》(the imitation of Christ)에 잘 나타나고 있다. 그는 예수 그리스도를 닮아 가는 것과 금욕을 통해서 얻는 개인의 내면적인 경건을 강조하였다. 그는 경건의 삶에 대하여 말하기를, "경건한 신앙인의 삶은 모든 덕으로써 아름답게 단장되어야 합니다. 남들이 볼 수 있는 외부적으로만 아니라 내부적으로도 그래야 합니다. 그리고 내부적으로 보이는 것이 훨씬 더 많다는 사실

---

26) 정용석, *op. cit.*, pp. 146-147.

에 유의해야 합니다. 왜냐하면 하나님께서는 우리를 지켜보고 계시기 때문입니다. 우리는 어디에 있든지 하나님께 최고의 경배를 드려야 하며, 천사들처럼 그의 앞에서 정결하게 행하여야 합니다. 우리는 매일 오늘이 마치 우리의 회심 첫날인 것처럼 삶의 목표를 새로이 하고 더 큰 열정을 품도록 분발해야 합니다. 그리고 이렇게 말해야 합니다. '나의 하나님, 제가 당신을 섬기려는 선한 목표를 가지고 있으니 저를 도우소서. 이는 제가 지금껏 해온 일은 아무것도 아니기 때문입니다"[27]라고 고백하였다.

이리하여 존 칼빈의 사상적 배경을 3가지로 요약[28]할 수 있다. 첫째, 칼빈의 신학적 사상의 기초는 성경에 있다. 그는 성경 전체를 면밀하게 연구하였고, 특히 구약에 있어서는 다른 개혁자들보다 훨씬 더 많은 지식을 가지고 있었다. 하나님의 말씀이라고 하는 이 움직이지 않는 반석 위에 자신을 확고하게 세우고, 신앙과 행위 문제에 있어서 성경을 유일하게 가장 안전한 안내자로 확신하였다.

둘째, 칼빈은 초대교부들의 많은 저작들에 관심을 가지면서 인용하였다. 칼빈은 교부들을 인용할 때에 '진리의 심판자'가 아니라 '증인'으로서 인용을 하였다. 그는 《기독교 강요》에서 인간 영혼의 기능을 다루는 자리에서는 플라톤(Platon), 아리스토텔레스(Aristotle), 키케로(Cicero) 등을 중심으로 하였고, 그 외에도 오리겐(Origen), 크리소스

---

[27] Thomas A. Kempis, edited Donald E. Demaracy, *The Imitation of Christ* (Grand Rapids: Baker Book House, 1982), pp. 40-41.
[28] 존 칼빈, 《기독교 강요》 상, 신복윤 역 (서울: 생명의 말씀사, 1988), pp. 33-39.

톰(Chrysostom), 어거스틴(Augustine) 등도 많이 인용하였다. 특별히 칼빈은 교부 어거스틴에게 결정적인 영향을 많이 받았다. 어거스틴의 자유의지와 세례관, 은혜와 예정을 다루는 각 장에서 전적으로 어거스틴의 논증을 자신의 목적에 사용하였다. 그러나 칼빈은 교부들의 전통적인 개념으로 돌아가지 않았다. 만약 교부들이 성경의 정도에서 벗어났다고 생각할 때에는 언제든지 그들과의 관계를 끊었다.

셋째, 칼빈은 인문주의자들과 개혁자들의 영향을 많이 받았다. 그의 《기독교 강요》는 루터의 〈소요리문답〉의 순서에 따라 구성되었다. 그는 모든 기본적인 교리에 있어서 루터와 전적으로 일치점을 보여준다. 칭의, 인간의 전적부패, 원죄, 구세주와 중보자 그리스도, 성령으로 말미암은 구원의 적용에서는 같은 입장을 취하였다. 그러나 성례, 성경의 정경성, 예정, 교회관은 현저하게 다른 입장을 보여주었다. 즉, 칼빈은 하나님 중심적인 신학이었다면, 루터는 그리스도 중심적 신학이었다.

이러한 사상적 영향과 역사적 배경 속에서 칼빈이 비록 그의 회심 이후에는 인문주의와 단절하였지만 신경건운동과 인문주의가 칼빈을 비롯한 많은 종교개혁자들에게 큰 영향을 끼쳤다는 사실은 부인할 수 없다. 그러면서도 칼빈의 영성은 포괄적이면서도 신경건주의자들의 배타적인 수도원 영성을 절연하고 오직 하나님의 살아 계신 말씀에서 나오는, 곧 경건의 삶 속에서 경건 영성을 추구하였다.

존 칼빈(John Calvin) 영성의 출발점은 경건(pietas)과 지식(eruditio)

으로부터 시작하였다. 1536년 칼빈은 그의 《기독교 강요》 첫머리에 있는 "프랑스 왕 프란시스 1세에게 드리는 글"에서 저술의 목적을 밝히고 있다.

> "폐하시여! 제가 이 책을 처음 쓰기 시작할 때는 후에 폐하께 드릴 수 있는 책을 쓰겠다는 생각까지는 미처 갖지 못하였나이다. 저의 의도는 다만 몇 가지 기초적인 원리를 약간 기술하여, 종교에 열심인 사람들이 참된 경건의 생활을 이루도록 하려는 것이었습니다. 그리고 이 책은 특별히 저의 동포 프랑스 사람들을 위하여 저술하였는데, 그들 중 많은 사람이 주리고 목마르듯 그리스도를 사모하고 있으나, 그리스도에 대한 적은 지식마저도 바로 터득한 자가 매우 적다는 것을 알게 되었기 때문입니다. 바로 이것이 내가 붓을 들게 된 의도라는 것은 이 책 자체가 증명하는 것처럼 내용이 단순하고 기초적인 형식으로 되어 있는 것으로 알 수 있습니다."[29]

여기에서 칼빈은 경건이라는 용어를 언급하면서 처음 사용하였다.

칼빈은 '경건'에 대하여 정의하였다. "경건은 하나님에 관한 지식의 필수 조건이다."[30] 그리고 "하나님과 우리에 관한 참된 지식의 결과는 진정한 예배 형태 속에서 표현되는 하나님에 대한 겸손한 의

---

29) John Calvin, *Institutes of the Christian Religion*, ed., John T. McNeill (Philadelphia: Westminster Press, 1973), p. 9.
30) Calvin, *Institutes*, I. II. 1, p. 39.

존의 태도이며, 그것이 참된 경건이다"라고 설명하였다. 계속해서 그는, "하나님에 관한 지식은 하나님의 존재를 생각하는 것일 뿐만 아니라 하나님을 아는 것이, 곧 우리에게 얼마나 도움이 되는가를 이해하는 것이다"[31]라고 말하였다. "타락하여 저주받은 인간이 중보자 그리스도를 구속주 하나님으로 이해하는 그런 종류의 지식에 대하여는 아직 언급하지 않으려고 한다. 다만 아담이 자기의 무죄함을 그대로 보존하였더라면, 우리는 자연의 참된 질서에 따라 살게 되었을 것이라는 기초적이며 단순한 지식에 대해서만 말하려는 것이다.

인간성이 현재와 같이 파괴된 상태에서는 중보자이신 그리스도께서 하나님을 우리에게 화목시키지 않는 한 하나님을 아버지로 알거나 구원의 창시자로 알 사람은 아무도 없을 것이며, 어떤 면에서도 하나님에 대하여 호의를 가질 수 없을 것이다." 여기에서 칼빈은 하나님에 관한 이중적 인식을 언급하였는데 그것은 즉, "먼저 하나님은 우주의 창조와 다음으로는 그리스도의 얼굴을 통해(고후 4:6) 자신을 구속주로 보여주셨다"[32]고 하였다.

이러므로 "하나님의 능력을 의식하는 것은 종교를 낳게 하는 경건을 우리에게 올바르게 해주기 때문이다. 경건은 하나님에 대한 경외와 하나님에 대한 사랑이 결합되는 것을 말하는데, 이 사랑은 그의 은혜를 깨달아 앎으로써 오는 것이다. 그 이유는 자기 자신이 하나님께 모든 것을 빚지고 있다는 것, 하나님의 부성적(fatherly)인 사

---

31) Calvin, *Institutes*, I. II. 1, p. 39.
32) Calvin, *Institutes*, I. II. 1, p. 40.

랑으로 양육을 받는 것, 자기가 누리고 있는 모든 축복의 근원이 바로 하나님이시라는 것, 하나님을 떠나서는 아무것도 찾아서는 안 된다는 것, 이러한 모든 것을 인식하기 전에는 결단코 그들이 자발적으로 하나님께 순종하며 봉사할 수 없기 때문이다. 또한 그들이 완전한 행복을 하나님 안에 두지 않는 한 진정으로, 그리고 중심에서 그들 자신을 하나님께 헌신하지 못하기 때문이다"[33]라고 하였다.

그러므로 그리스도인의 경건은 살아 계신 하나님의 지식과 그의 은혜를 깨닫고 응답하는 삶을 사는 방법이다. 이 경건은 특정한 경건 집단의 독점물이 아니며, 세상 속에 살고 있는 모든 그리스도인들이 하나님 앞에서 책임 있는 자유를 행사하는 방법일 뿐만 아니라 여러 가지 많은 형태로 나타난다. 즉, 어떤 것들은 마음을 강조하며 이에 따라서 오는 명상적인 경건의 형태가 있는 동시에, 반면 감정을 강조하며 이에 따라서 오는 열정적인 경건의 형태가 있다. 그리고 어떤 것들은 능동적인 면에 호소함으로써 이에 따라서 오는 공동체적인 경건의 형태가 있는 동시에, 반면 수동적 내면적이기에 개인 구원을 위한 소극적인 경건의 형태가 있다.

이러한 점에서 개혁주의 전통은 영성에 대하여 회의적인 자세를 취하여 왔다는 사실을 부인할 수 없다. 그동안 개혁주의 전통은 하나님의 지식에 대한 인식에는 강력한 힘을 발휘하였으나, 하나님을 두려워하는 경건의 차원에서는 하나님께 영광을 돌리지 못하게 하

---

[33] Calvin, *Institutes*, I. II. 1, p. 41.

는 것이 아닌가 하는 두려움 속에서 회의적인 자세를 취하여 왔다. 칼빈은 이러한 자세를 위선이라고 지적하였다.

"그들은 하나님의 위엄을 경외하는 데서 생기는 자발적인 두려움에 감동을 받지 않고, 오히려 하나님의 심판으로 말미암아 강요당하는 노예적이고 강제적인 공포에 사로잡힌다. 이 심판을 피할 수 없기 때문에 그들은 혐오하면서도 두려워하는 것이다."[34]

개혁주의 경건 영성의 중요한 요소는 하나님의 임재와 그의 지식에 대하여 깊은 인식을 가지며, 아울러 동시에 그것에 인간이 응답하는 삶을 통하여 하나님을 영화롭게 하는 것이다. 칼빈은 말하였다.

"참된 경건의 요지는 하나님의 심판을 기꺼이 피하는 두려움에 있는 것이 아니고, 하나님을 아버지로 사랑하고 그를 주님으로 참되게 경외하며, 그의 공의를 용납하고 또 그의 마음을 상하게 하는 것을 죽는 것보다 더 두려워하는 순수하고 참된 열정에 있다."[35]

그러면 개혁주의 영성에 있어서 '그리스도인의 참된 경건 영성의 삶'은 무엇인가?

---

34) Calvin, *Institutes*, I. IV. 4, p. 50.
35) Calvin, *Institutes*, I. II. 2, p. 43.

먼저, 그들이 자신들을 위하여 무엇을 할 것인가, 혹은 그들이 다른 사람들을 향하여 무엇을 어떻게 거룩하게 보일 수 있을 것인가 하는 것이 아니라, 그들이 자신을 향하여 어떻게 하면 자신을 초월하고 하나님의 크신 위엄과 사랑을 증거할 것인가이다. 바로 그때에 하나님 중심의 영성은 자신들에게 명성을 안겨 주는 것이 아니라, 오직 살아 계신 하나님께만 영광을 돌리게 될 것이다.

"사람의 첫째 되는 목적은 하나님을 영화롭게 하는 것과 그를 영원토록 즐거워하는 것입니다"[36)]라는 웨스트민스터 〈소요리 문답〉 (Westminster Shorter) 제1질문의 답에서 개혁주의 경건 영성의 실천을 잘 묘사해 주고 있다.

사도 바울은 에베소 교인들에게 경건에 대하여 4가지 교훈을 가르쳤다.

"첫째, 경건은 그리스도 안에서 하나님의 은혜와 능력에 대하여 감사를 표시하는 것이다. 둘째, 경건은 하나님의 은혜와 그리스도의 능력을 찬미할 줄 아는 신앙으로 성장하는 것이다. 셋째, 경건은 하나님의 은혜와 그리스도의 능력을 통한 행동의 변화를 요구한다. 넷째, 경건은 영적 전투이다."[37)]

---

36) The General Assembly of the United Presbyterian Church in the United Sates of America, *The Book of Confession: the Constitution of PCUSA* (New York & Atlanta: Office of the General Assembly, 1970), p. 4,076.
37) 이완재, 《영성신학탐구》 (서울: 성광문화사, 2001), pp. 306-312.

다음은, "그리스도인의 참된 경건 영성은 그들 자신의 노력으로 성취되는 것이 아니라, 그리스도인들의 진정한 영적 생활의 방법, 즉 부정적인 면에서 로마서 6장 11절 '너희도 너희 자신을 죄에 대하여는 죽은 자요' 말씀과 같이 믿는 것을 말하며, 적극적인 면에서는 '그리스도 예수 안에서 하나님께 대하여는 살아 있는 자로 여기는 일'이 바로 이것이다. 다른 방법은 없다"[38)라고 하였다.

그리스도인들은 길을 잃고 비정상적인 세상에서 자신의 힘과 명석함과 아집과 카리스마와 영적 은사로 그리스도의 사역을 감당할 수가 없다. 이것은 갈보리 십자가에 달리시고 3일 만에 부활하신 예수 그리스도의 능력과 성령의 역사로만 가능할 것이다.

그러므로 칼빈주의적 정통 개혁주의의 경건 영성은 "성령으로 자신을 부인하고 십자가를 지는 가운데 하나님과 역동적인 관계를 생동력 있게 가지며, 성령의 은혜의 방편인 말씀과 기도 훈련을 통해 성화된 경건하고 열정적이고 헌신된 삶, 즉 코람데오(Coram Deo) 자기를 부인하고 십자가를 기쁘게 지며 하나님의 영광을 목적으로 성령을 좇아 살되 범사에 하나님을 항상 즐거워하고 찬미하는 열정적이고 생동력이 있는 삶이다"[39)라고 하였다.

---

38) Francis A. Schaeffer, *The Complete Works of Francis A. Schaeffer: A Christian Wordview*, Volume 3 (Westchester, Illinois: Crossway Books, 1990), p. 253; Francis A. Schaeffer, *True Spirituality* (Wheaton, Illinois: Tyndale House Publishers, 1980), p. 17.
39) 안재도, 《개혁주의 영성과 삶》 (서울: 쿰란출판사, 2006), p. 35; 나용화, *op. cit.*, p. 26.

제3장

새벽기도 영성의 본래적 모델
예수 그리스도

1. 예수님과 새벽기도

　　예수님은 그의 공생애 사역에 있어서 하루를 먼저 새벽기도로부터 출발하는 삶을 시작하였다. "새벽 아직도 밝기 전에 예수께서 일어나 나가 한적한 곳으로 가사 거기서 기도하시더니"(막 1:35). 예수님은 하루 종일 바쁜 사역 중에서도 기도의 필요성을 느끼셨다. 그리고 삼위일체 되신 하나님의 아들이시며 동시에 완전한 인간으로서의 예수님은 친히 기도의 모범을 보여주었다. 따라서 예수 그리스도는 새벽기도 영성의 본래적 모델이 되신다.

예수님은 안식일의 교훈과 치유사역으로 육신이 매우 피곤하였음에도 불구하고 베드로의 집에서 머무시다가 새벽 시간에 일어나서 새벽기도를 드리신, 새벽기도의 영성을 소유한 분이었다. 그럼 예수님께서 드린 새벽기도의 시간은 언제, 몇 시쯤 될 것인가?

 예수님과 **새벽 미명**[40]

신약성경에서는 '새벽'(morning, 마 16:3), '정오'(midday, 행 26:13), '저녁'(evening, 마 16:2)을 1일(daytime)이라고 부른다. 예수님께서는 무화과나무의 비유를 교훈하시면서 마가복음 13장 35절에, "그러므로 깨어 있으라 집주인이 언제 올는지 혹 저물 때일는지, 밤중일는지, 닭 울 때일는지, 새벽일는지 너희가 알지 못함이라"고 하였다. 여기에서 '새벽'(at dawn)은 오전 3시부터 6시까지, '닭 울 때'(rooster crows)는 오전 0시부터 3시까지, '저물 때'(in the evening)는 오후 6시부터 9시까지, 그리고 '밤중'(at midnight)은 오후 9시부터 12시까지를 가리킨다.

예수님은 새벽 미명에 새벽기도의 시간을 가지셨다. 마가복음 1장 35절을 한글개역성경에서는 "새벽 오히려 미명에"라고 하였고

---

40) '새벽 미명'(very early in the morning)과 연관된 의미로서는, 마태복음 28장 1절에서 막달라 마리아와 다른 여자들이 "새벽에"(at dawn on the first day of the week) 무덤으로 갔으며, 마가복음 16장 9절에서 부활의 예수님은 "이른 아침에"(early on the first day of the week) 일곱 귀신을 쫓아내어 주신 막달라 마리아에게 나타나셨고, 누가복음 24장 1절에서는 여자들이 "새벽에"(very early in the morning) 향품을 가지고 예수님의 무덤으로 갔으며, 그리고 요한복음 20장 1절에서는 막달라 마리아가 "첫날 일찍이"(early on the first day of the week) 돌이 무덤에서 옮겨진 것을 보았다.

한글개역개정성경에서는 "새벽 아직도 밝기 전에"라고 번역하였다. 헬라어 성경에서는 '프로이 엔뉘카 리안'(πρωὶ ἔωυχα λίαν)으로서 "밤에 아주 일찍이"라고 번역할 수 있다. New KJV 영어성경에서는 "날이 밝기 훨씬 이전"(long while before daylight great while before day)으로 번역되었고, NIV 영어성경에서는 "아직 어두울 때"(while it was still dark)라고 번역하였다. 그러므로 이때는 새벽 3시에서부터 6시까지를 가리키며, 예수님은 바로 이 시간에 새벽기도의 시간을 가지셨다.

예수님께서 '기도하시더니'(프로세우케트, προσηύχετο)라는 말은 미완료형으로서 지속적인 기도의 행위를 뜻한다. 이것은 예수님께서 기도의 끈을 늦추지 않고 계속적으로 열심히 기도하셨다는 것을 암시한다. 예수님께서 하나님 아버지께 기도하신 내용은 지금까지 베풀어 주신 은총에 대하여 감사하고, 지금 당장 시작한 갈릴리 대사역에 필요한 힘과 능력을 주시기를 간구하였을 것이다.[41]

 예수님의 **부활과 새벽별**

예수님은 자신을 "광명한 새벽별"(the bright morning star)이라고 선언하였다. "나 예수는 교회들을 위하여 내 사자를 보내어 이것들을 너희에게 증언하게 하였노라 나는 다윗의 뿌리요 자손이니 곧 광명한 새벽별이라 하시더라"(계 22:16).

---

41) William Hendriksen, *New Testament Commentary: The Gospel of Mark* (Grand Rapids: Baker Book House, 1984), p. 71.

광명한 새벽별은 민수기 24장 17절의 '야곱에게서 나온 한 별'을 가리킨다. 이 별은 다윗의 뿌리와 자손으로서 예수 그리스도를 가리킨다. 갈보리 십자가상에서 죽으시고 사흘 만에 부활하신 그리스도께서는 자신의 구속사역을 통하여 죄인들을 구원하시고, 앞으로 재림하여 사탄의 권세와 흑암의 세력, 죄악과 고통, 어두움을 물리치시고 종말론적인 새로운 빛과 소망을 보여주고 있다. 십자가에 죽으신 예수님은 주일날 새벽(at dawn)에 부활 승천하셨고, 막달라 마리아도 주일날 새벽에 예수님의 무덤에 갔다가 천사들을 통하여 부활하신 예수님의 기쁜 소식을 들었다.

"안식일이 다 지나고 안식 후 첫날이 되려는 새벽에 막달라 마리아와 다른 마리아가 무덤을 보려고 갔더니 큰 지진이 나며 주의 천사가 하늘로부터 내려와 돌을 굴려 내고 그 위에 앉았는데 그 형상이 번개 같고 그 옷은 눈같이 희거늘 지키는 자들이 그를 무서워하여 떨며 죽은 사람과 같이 되었더라 천사가 여자들에게 말하여 이르되 너희는 무서워하지 말라 십자가에 못 박히신 예수를 너희가 찾는 줄을 내가 아노라 그가 여기 계시지 않고 그가 말씀하시던 대로 살아나셨느니라 와서 그가 누우셨던 곳을 보라"(마 28:1-6).

 예수님과 40일 금식기도

마태복음 4장 1-11절에서, 예수님은 40일 동안 새벽 시간을 비롯하여 불철주야 밤낮으로 아버지 하나님께 '금식기도'(prayer of fasting)를 드리셨다. 그때 사탄 마귀가 예수님께 찾아와서 세 번씩이나 예수님을 시험하였다.

　첫 번째 시험은 '물질 문제'이다. 마귀가, "네가 만일 하나님의 아들이어든 명하여 이 돌들로 떡덩이가 되게 하라"고 할 때에 예수님께서는 신명기 8장 3절, "사람이 떡으로만 사는 것이 아니요 여호와의 입에서 나오는 모든 말씀으로 사는 줄을 네가 알게 하려 하심이니라"를 인용하여 "기록되었으되 사람이 떡으로만 살 것이 아니요 하나님의 입으로부터 나오는 모든 말씀으로 살 것이라 하였느니라"고 대답하면서 물리치셨다. 이 말씀의 의미는 사람의 생명은 근본적으로 떡에 의존되어 있는 것이 아니라 생명을 창조하시며 보존하시는 하나님의 능력과 사랑에 의존되어 있다는 것이다.

　두 번째 시험은 '명예 문제'이다. 마귀가, "네가 만일 하나님의 아들이어든 성전 꼭대기에서 뛰어내리라" 할 때에 예수님께서는 신명기 6장 16절, "너희의 하나님 여호와를 시험하지 말고"에 호소하면서 "주 너의 하나님을 시험하지 말라"고 대답하시면서 물리치셨다.

　세 번째 시험은 '영적, 종교적인 문제'이다. 마귀가, "만일 내게 엎드려 경배하면 이 모든 것을 네게 주리라"고 할 때에 예수님께서 "사탄아 물러가라 기록되었으되 주 너의 하나님께 경배하고 다만 그를 섬기라 하였느니라"고 대답하시면서 사탄 마귀를 물리치시고 승리하셨다.

　예수 그리스도께서 사탄 마귀에게 받으신 3가지 시험들을 통하여 우리에게 주는 영적 교훈은 무엇인가? 이것은 예수께서 자기 백성의 대표자로서, 인류의 대표자인 아담이 실패한 순종을 대리적으로 온전히 이루셨다는 사실과, 예수께서 우리와 똑같이 시험을 받으심으로써 우리가 시험에 처할 때 우리를 도우실 수 있는 큰 대제사장이 계신다는 사실에서 위로를 받으라는 것이다.[42]

"그러므로 우리에게 큰 대제사장이 계시니 승천하신 이 곧 하나님의 아들 예수시라 우리가 믿는 도리를 굳게 잡을지어다 우리에게 있는 대제사장은 우리의 연약함을 동정하지 못하실 이가 아니요 모든 일에 우리와 똑같이 시험을 받으신 이로되 죄는 없으시니라 그러므로 우리는 긍휼하심을 받고 때를 따라 돕는 은혜를 얻기 위하여 은혜의 보좌 앞에 담대히 나아갈 것이니라"(히 4:14-16).

 세례, 열두 제자 부르심, 5병2어와 **기도**

예수님은 요단강에서 세례 요한에게 세례를 받으실 때에도 '기도'(prayer)하셨다.

"백성이 다 세례를 받을새 예수도 세례를 받으시고 기도하실 때에 하늘이 열리며 성령이 비둘기 같은 형체로 그의 위에 강림하시더니 하늘로부터 소리가 나기를 너는 내 사랑하는 아들이라 내가 너를 기뻐하노라 하시니라"(눅 3:21-22).

---

42) William Hendriksen, *New Testament Commentary: The Gospel of Matthew* (Grand Rapids: Baker Book House, 1989), p. 235.

예수님은 하나님의 나라를 건설하고 복음 전파를 위하여 열두 제자를 부르셨다. 그때 예수님은 열두 제자를 부르고 사도로 선택하는 일이 너무나 중요하고 큰일이기 때문에 저녁 시간부터 시작하여 한밤중을 거쳐서 새벽 시간까지 밤이 새도록 기도하신 후 제자들을 부르셨다.

"예수께서 기도하시러 산으로 가사 밤이 새도록 하나님께 기도하시고 밝으매 그 제자들을 부르사 그중에서 열둘을 택하여 사도라 칭하셨으니 곧 베드로라고도 이름을 주신 시몬과 그의 동생 안드레와 야고보와 요한과 빌립과…알패오의 아들 야고보와 셀롯이라는 시몬과 야고보의 아들 유다와 예수를 파는 자 될 가룟 유다라"(눅 6:12-16).

누가복음에서는 열두 제자들을 사도(아포스톨로스, ἀπόστολος)로 칭하고 부르고 있다. 사도는 특별한 명령과 권세를 받아 보냄을 받은 자들이다. 즉, '보냄'(sending)과 '위임'(commission)을 받은 자로서 예수 그리스도의 가르침을 받은 후에 그들에게 맡겨진 중요한 사명을 위하여 보내심을 받게 될 자들과, 자신을 따르던 많은 무리 가운데 열둘을 택하여 다른 무리들과 구별하기 위하여 사도라 부르게 되었다.[43]

예수님은 5병2어 기적을 베푸실 때와 이후에도 기도를 하셨다. "예수께서 떡 다섯 개와 물고기 두 마리를 가지사 하늘을 우러러 축

---

43) William Hendriksen, *New Testament Commentary: The Gospel of Luke* (Grand Rapids: Baker Book House, 1990), p. 327.

사하시고 떡을 떼어 제자들에게 주어 사람들에게 나누어 주게 하시고 또 물고기 두 마리도 모든 사람에게 나누시매 다 배불리 먹고 남은 떡 조각과 물고기를 열두 바구니에 차게 거두었으며…무리를 작별한 후에 기도하러 산으로 가시니라"(막 6:41-46)고 하였다. 특별히 예수님께서 "하늘을 우러러 축사하시고"라는 것은 하나님을 향하여 찬미와 감사의 기도를 간절히 드리셨다는 의미이다.

 변화산, 주기도문, 나사로를 살리심과 **기도**

예수님은 제자들에게 중요한 질문을 하시고자 할 때에도 먼저 '기도'(prayer)하셨다. "예수께서 따로 기도하실 때에 제자들이 주와 함께 있더니 물어 이르시되 무리가 나를 누구라고 하느냐"(눅 9:18)라고 질문하셨다. 또한, 예수님은 변화산에 올라가실 때에도 제자들을 데리고 기도하셨다. "예수께서 베드로와 요한과 야고보를 데리고 기도하시러 산에 올라가사 기도하실 때에 용모가 변화되고 그 옷이 희어져 광채가 나더라"(눅 9:28-29)고 하였다.

마태복음 17장 2절에서는 "예수님의 얼굴이 해같이 빛나며 옷이 빛과 같이 희어졌더라"고 하였다. 이것은 예수님께서 밧모 섬에서 사도 요한에게 보여주신 심판주와 만왕의 왕으로서의 절대적이고 탁월한 위엄과 권위, 권세를 연상케 한다. 그리고 예수님의 내적 생명과 영광으로 인하여 육신까지 변모되었으며, 예수님이 입고 있던 물질적인 옷까지 그 빛의 영향을 받아 희어졌다는 사실이다.

예수님께서 제자들에게 친히 가르치신 그 유명한 기도의 기본원리로서 주기도문이 있다. 먼저, 예수님께서 아버지 하나님을 향하여 "기도하시고"(눅 11:1) 난 후에 제자들을 향하여 "너희는 기도할 때에 이렇게 하라"(눅 11:2)고 주기도문을 가르쳐 주셨다.

> "하늘에 계신 우리 아버지여 이름이 거룩히 여김을 받으시오며 나라가 임하시오며 뜻이 하늘에서 이루어진 것같이 땅에서도 이루어지이다 오늘 우리에게 일용할 양식을 주시옵고 우리가 우리에게 죄지은 자를 사하여 준 것같이 우리 죄를 사하여 주시옵고 우리를 시험에 들게 하지 마시옵고 다만 악에서 구하시옵소서 나라와 권세와 영광이 아버지께 영원히 있사옵나이다 아멘"(마 6:9-13).

하나님의 백성과 그의 자녀가 되는 것은 가장 중요한 일인데 이것은 바로 기도를 통하여 이루어진다. 즉, 주기도문이다. 주기도문이야말로 하나님의 백성과 자녀로 살아가는 데 있어서 가장 중요한 영적인 기본 원리이며, 제자도의 핵심적인 행위이다.

영성신학자 데이비드 왓슨(David Watson)은 그의 저서 《제자도》(Discipleship)에서, "그리스도인들이 가져야 할 진정한 제자의 삶은 오직 기도를 통하여 이루어지며, 이 기도를 통하여 겸손과 진실, 동정과 인내, 연합, 용서하는 마음을 가질 수 있다"[44]라고 하였다. 그리

---

44) David Watson, *The Discipleship* (Belfry Trust, 1981), 《제자도》, 문동학 역 (서울: 두란노, 1981), pp. 163-174.

고 종교개혁자 마틴 루터(Martin Luther)는, "주기도문은 하나님께서 예수 그리스도를 통하여 우리에게 주신 최선의 기도이기 때문에 매일 신자들은 주기도문과 함께 일어나야 하고, 주기도문과 함께 침대에 들어가야 한다"[45]라고 하였다.

또 이뿐인가? 예수님은 무덤 안에서 이미 죽은 지 나흘 된 나사로를 살리실 때에도 아버지 하나님께 간절히 기도하시고 그를 살리셨다.

> "돌을 옮겨 놓으니 예수께서 눈을 들어 우러러보시고 이르시되 아버지여 내 말을 들으신 것을 감사하나이다 항상 내 말을 들으시는 줄을 내가 알았나이다 그러나 이 말씀 하옵는 것은 둘러선 무리를 위함이니 곧 아버지께서 나를 보내신 것을 그들로 믿게 하려 함이니이다 이 말씀을 하시고 큰소리로 나사로야 나오라 부르시니 죽은 자가 수족을 베로 동인 채로 나오는데 그 얼굴은 수건에 싸였더라"(요 11: 41-44).

 겟세마네 동산, 십자가 죽음, 부활과 **기도**

예수님은 유월절 만찬을 행하실 때에 성찬예식을 직접 행하셨다. 이후 겟세마네 동산에 올라가서 '기도'(prayer)하며 밤을 보내셨다.

"예수께서 나가사 습관을 따라 감람산에 가시매 제자들도 따라

---

45) Martin Luther, *Auslegung Deutsch des Vaterunsers fur Einfaltinen Laien* EA2, pp. 80-130; 최갑종, 《예수님이 주신 기도》 (서울: 이레서원, 2000), p. 17; 안재도, 《주기도문 해설》 (서울: 쿰란출판사, 2012), pp. 19-21.

갔더니 그곳에 이르러 그들에게 이르시되 유혹에 빠지지 않게 기도하라 하시고 그들을 떠나 돌 던질 만큼 가서 무릎을 꿇고 기도하여 이르시되 아버지여 만일 아버지의 뜻이거든 이 잔을 내게서 옮기시옵소서 그러나 내 원대로 마시옵고 아버지의 원대로 되기를 원하나이다"(눅 22:39-42)라고 하였다. 그때 예수님의 기도는 생명을 걸고 부르짖는 일사각오의 간절한 기도였다.

"예수께서 힘쓰고 애써 더욱 간절히 기도하시니 땀이 땅에 떨어지는 핏방울같이 되더라"(눅 22:44).

예수님은 자기를 세 번씩이나 부인할 제자 베드로를 향하여 기도하면서 가르치셨다.

"그러나 내가 너를 위하여 네 믿음이 떨어지지 않기를 기도하였노니 너는 돌이킨 후에 네 형제를 굳게 하라"(눅 22:32).

그리고 예수님은 가룟 유다의 배반과 베드로가 세 번씩 부인할 것과 자신의 십자가의 죽음에 대하여 불안과 공포 속에 있는 제자들에게 평안을 주시고 위로해 주시는 보혜사 성령을 보내겠다고 기도하셨다.

"내가 아버지께 구하겠으니 그가 또 다른 보혜사를 너희에게 주사 영원토록 너희와 함께 있게 하리니"(요 14:16).

예수님은 갈보리 십자가 위에서도 간절히 부르짖고 기도하셨다. "예수께서 크게 소리 질러 이르시되 엘리 엘리 라마 사박다니 하시니 이는 곧 나의 하나님, 나의 하나님, 어찌하여 나를 버리셨나이까 하는 뜻이라"(마 27:46). 그리고 부활하신 예수님은 예루살렘을 떠나 엠마오로 가는 두 제자들을 위해서도 기도하셨다. "그들과 함께 음식 잡수실 때에 떡을 가지사 축사하시고 떼어 그들에게 주시니 그들의 눈이 밝아져 그인 줄 알아보더니 예수는 그들에게 보이지 아니하시는지라"(눅 24:30-31).

이처럼 예수 그리스도께서는 그의 공생애 3년 동안 새벽기도로 출발하여 일평생 기도의 삶을 사셨다. 예수님은 새벽기도의 생활화를 친히 실천하며 가르치고 모범을 보이셨다. 즉, 예수 그리스도께서는 '기도의 모범'이며, '새벽기도 영성의 모델'이다.

2. 새벽에 나타난 하나님의 능력과 기적

신구약 성경의 역사 속에서는 살아 계신 하나님의 역사와 능력, 기적과 축복의 사건들이 새벽 시간에 많이 나타났다는 사실을 기록하고 있다.

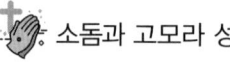 소돔과 고모라 성과 **새벽 동틀 때**

소돔과 고모라의 멸망은 인간의 죄악에 대하여 철저하게 징벌하

시는 하나님의 공의에 대한 사건이다. 하나님은 소돔과 고모라 성안에 의인 10명이 없어서 그 성을 멸망시키려고 계획하셨다. 그때 하나님의 두 천사를 통하여 롯과 그의 가족들에게 소돔과 고모라의 심판과 멸망 이전에 구원을 받을 수 있는 기쁜 소식을 알려 주었다. 그 구원의 기쁜 소식을 알려 준 때가 바로 "새벽 동틀 때"(with the coming of dawn)였다. 그래서 롯의 가족은 하나님의 특별하신 사랑과 은혜로 말미암아 멸망을 피할 수 있었다.

그런데 불행하게도 롯의 사위들은 구원의 기쁜 소식을 농담(joke)으로 여겼다. 농담은 비웃다, 장난치다, 희롱하다는 뜻이다. 롯의 사위들은 장인어른의 말에 귀를 기울이지 않고 그 말을 단지 조소와 건성으로 흘려버렸다. 그 이유는 구원의 메시지를 들을 줄 아는 영적 귀가 없었기 때문이다. "귀 있는 자는 성령이 교회들에게 하시는 말씀을 들을지어다"(계 2:7). 결과적으로 롯의 사위들은 유황과 불에 멸망을 당하고 말았다.

> "롯이 나가서 그 딸들과 결혼할 사위들에게 말하여 이르기를 여호와께서 이 성을 멸하실 터이니 너희는 일어나 이곳에서 떠나라 하되 그의 사위들은 농담으로 여겼더라 동틀 때에 천사가 롯을 재촉하여 이르되 일어나 여기 있는 네 아내와 두 딸을 이끌어 내라 이 성의 죄악 중에 함께 멸망할까 하노라…여호와께서 하늘 곧 여호와께로부터 유황과 불을 소돔과 고모라에 비같이 내리사 그 성들과 온 들과 성에 거주하는 모든 백성과 땅에 난 것을 다 엎어 멸하셨더라"(창 19:14-15, 24-25).

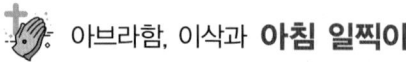 아브라함, 이삭과 **아침 일찍이**

하나님은 아브라함에게 100세에 낳은 그의 아들 독자 이삭을 번제로 바치라고 명령하셨다. 이것은 아브라함의 믿음을 시험(temptation)하기 위함이었다. "네 아들 네 사랑하는 독자 이삭을 데리고 모리아 땅으로 가서 내가 네게 일러준 한 산 거기서 그를 번제로 드리라"(창 22:1).

그때 아브라함은 순종하면서 "아침에 일찍이"(early in the morning) 일어나서 출발하였다. "아브라함이 아침에 일찍이 일어나 나귀에 안장을 지우고 두 종과 그의 아들 이삭을 데리고 번제에 쓸 나무를 쪼개어 가지고 떠나 하나님이 자기에게 일러 주신 곳으로 가더니"(창 22:3). 이것은 하나님의 명령에 즉각적인 순종을 의미한다. 아브라함은 아들 이삭과 두 종들을 데리고 번제를 드리기 위하여 모리아 산으로 올라갔다. 모리아 산은 약 8km 되는 거리로서 약 3일 동안 걸어가야 하는 곳이다.

하나님의 명령을 들은 아브라함은 아마 밤잠을 못 이루면서 심한 고통과 갈등을 겪었을 것이다. 그러나 아브라함은 신앙의 길은 순종밖에 없고, 살아 계신 하나님은 어떠한 방법으로도 약속하신 것을 능히 이루어 주실 줄 믿고, 모든 갈등을 극복하고 하나님의 뜻에 순종하며 나아갔을 것이다.

"믿음이 없어 하나님의 약속을 의심하지 않고 믿음으로 견고하여져서 하나님께 영광을 돌리며 약속하신 그것을 또한 능히 이

루실 줄을 확신하였으니 그러므로 그것이 그에게 의로 여겨졌
느니라"(롬 4:20-22).

100세에 난 독자이며 25년 동안 기다렸다가 얻은 언약의 아들을 번제물로 드리는 것은 인간적 차원에서는 도저히 감당하기 힘든 극한 상황이었다. 그러나 아브라함은 오직 믿음의 결단으로 독자 이삭을 하나님께 번제물로 바친 것이나 다름이 없었다. 이로 인하여 아브라함은 믿음의 조상이 되었고, 그의 자손들은 하늘의 별과 같이, 바닷가의 모래와 같이 번성하게 되는 축복을 받았다.

"여호와의 사자가 하늘에서부터 두 번째 아브라함을 불러 이르시되 여호와께서 이르시기를 내가 나를 가리켜 맹세하노니 네가 이같이 행하여 네 아들 네 독자도 아끼지 아니하였은즉 내가 네게 큰 복을 주고 네 씨가 크게 번성하여 하늘의 별과 같고 바닷가의 모래와 같게 하리니 네 씨가 그 대적의 성문을 차지하리라 또 네 씨로 말미암아 천하 만민이 복을 받으리니 이는 네가 나의 말을 준행하였음이니라 하셨다 하니라"(창 22:15-18).

 야곱: 이스라엘과 날이 새도록

야곱은 "날이 새도록"(it is daybreak), 즉 동이 틀 때까지 기도하였다. 야곱은 하나님과 겨루어 승리하였고, 야곱의 이름을 '이스라엘'(Israel)이라 부르게 되었다. 이스라엘이란 말은 '하나님이 통치하신다'는 뜻도 있지만 '하나님과 씨름하여 승리하였다'는 뜻이다.

제3장 새벽기도 영성의 본래적 모델 예수 그리스도

"그가 이르되 네 이름을 다시는 야곱이라 부를 것이 아니요 이스라엘이라 부를 것이니 이는 네가 하나님과 및 사람들과 겨루어 이겼음이니라"(창 32:28).

야곱은 얍복 나루터에서 하나님께 기도하였다. 그의 기도는 정말 생명을 내걸고 하는, 죽느냐 사느냐의 기도였다. 야곱이 얼마나 기도를 간절하게 하였는지 그의 허벅지 관절이 어긋났다고 하였다. 개역개정 성경에는 '허벅지 관절'로, 개역한글 성경에는 '환도뼈'로 번역되었지만 같은 의미이다. 환도뼈는 몸의 지체로서 엉덩이의 우묵한 구멍 곧 넓적다리 부분으로서 엉덩이의 골반을 형성하는 좌우 한 쌍의 뼈를 가리킨다. 이 중요한 환도뼈가 위골되고 어긋났던 것이다.

"야곱은 홀로 남았더니 어떤 사람이 날이 새도록 야곱과 씨름하다가 자기가 야곱을 이기지 못함을 보고 그가 야곱의 허벅지 관절을 치매 야곱의 허벅지 관절이 그 사람과 씨름할 때에 어긋났더라 그가 이르되 날이 새려 하니 나로 가게 하라 야곱이 이르되 당신이 내게 축복하지 아니하면 가게 하지 아니하겠나이다"(창 32:24-26).

하나님께서 야곱의 환도뼈를 치신 이유는 "첫째는, 지금까지 육적 수단에 의지해 왔던 야곱을 완전히 꺾음으로써 이후로부터는 하나님만을 의지하도록 한 것이다. 둘째는, 예표적으로 장차 야곱의 허리에서 나올 이스라엘의 운명도 역시 인간적인 수단에 의지하게 될 때에는 이처럼 무력해질 수밖에 없다는 경고와 아울러, 오직 야곱의 허리를 치신 하나님만을 바라보아야 한다는 사실을 가르쳐 주기 위함이다."[46]

 홍해 바다의 갈라짐과 **새벽**

하나님의 선택받은 이스라엘 백성들은 애굽에서 해방되어 광야의 서쪽에서부터 시작하여 젖과 꿀이 흐르는 축복의 가나안 땅을 향하여 출애굽하게 되었다. 그런데 그때 애굽의 바로 왕은 여전히 완악한 마음을 버리지 못하고 이스라엘 백성들을 잡아 죽이기 위하여 그들의 뒤를 쫓았다. 이스라엘 백성들의 앞쪽과 오른쪽에는 산이, 그리고 왼쪽에는 홍해 바다가 가로막혀 있는 가운데 뒤쪽에서는 성난 애굽 군대가 쫓아오고 있었다.

그때 하나님의 모습은 어떠하였느냐? 하나님은 이스라엘 백성들과 함께하셨다. 마치 "암탉이 제 새끼를 날개 아래에 모음같이"(눅 13:34) '인도자'로서, '구속자'로서, 그리고 '보호자'로서 함께하시는 이스라엘의 하나님이었다. 하나님은 뒤에서 쫓아오는 사나운 애굽 군대들을 향하여 '새벽'(in the morning/ at daybreak)에 하늘의 불과 구름기둥을 보내어 그들을 물리치시고 이스라엘 백성들을 구원하셨다. 여기에서 새벽은 히브리식 계산법으로 삼경이다. 이 시간은 오늘날 오전 2시에서 동이 틀 무렵 6시까지를 가리킨다.

---

46) 강병도, 《뉴호크마 주석 1》 (서울: 기독지혜사, 2013), p. 248.

"새벽에 여호와께서 불과 구름 기둥 가운데서 애굽 군대를 보시고 애굽 군대를 어지럽게 하시며 그들의 병거 바퀴를 벗겨서 달리기가 어렵게 하시니 애굽 사람들이 이르되 이스라엘 앞에서 우리가 도망하자 여호와가 그들을 위하여 싸워 애굽 사람들을 치는도다"(출 14:24-25).

성경이 말씀하는 대로 새벽 시간에 하나님은 "애굽 군대를 보시고 애굽 군대를 어지럽게 하시며 그들의 병거 바퀴를 벗겨서 달리기가 어렵게"(출 14:24-25) 만드셨다. 즉, 하나님은 애굽 군대의 진영을 교란시켜서 바로의 병사들을 두려움과 공포에 떨게 하였을 뿐만 아니라, 그들이 무엇을 해야 하며 어떻게 싸워야 할지 알지 못하도록 정신을 빼놓으셨다는 것이다.

그리고 하나님의 능력과 지도자 모세의 리더십을 통하여 홍해 바다를 갈라지게 하였고, 마침내 애굽 군대를 멸망케 하셨다. 그리고 선택받은 이스라엘 백성들을 무사히 홍해 바다로 건너가게 하셨다.

"모세가 곧 손을 바다 위로 내밀매 새벽이 되어 바다의 힘이 회복된지라 애굽 사람들이 물을 거슬러 도망하나 여호와께서 애굽 사람들을 바다 가운데 엎으시니 물이 다시 흘러 병거들과 기병들을 덮되 그들의 뒤를 따라 바다에 들어간 바로의 군대를 다 덮으니 하나도 남지 아니하였더라 그러나 이스라엘 자손은 바다 가운데를 육지로 행하였고 물이 좌우에 벽이 되었더라"(출 14:27-29).

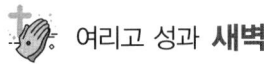 여리고 성과 **새벽**

하나님은 이스라엘의 지도자 여호수아에게 가나안 정복의 첫 관문인 여리고 성을 함락시킬 전략을 알려 주셨다. 이것은 모든 군사들이 여리고 성을 엿새 동안 매일 한 번씩 돌고, 일곱째 날 '새벽'(at daybreak)에는 제사장 일곱이 일곱 양각 나팔을 불고 언약궤 앞에서 나아가면서 일곱 번씩을 돌라는 것이었다.

여리고 성은 오늘날 텔 에스 술탄(Tell es Sultan)이라는 곳이며, 사해 바다에서 북쪽으로 12km, 요단에서 서쪽으로 9km, 예루살렘에서 동북쪽으로 30km 지점에 위치하고 있다. 그리고 여리고 성의 넓이는 약 8에이커(3km)이다.

여리고 성을 돌 때에 '일곱'은 하나님께 속한 완전수 혹은 신성한 숫자이며, '여리고 성을 돈다'는 것은 전능하신 하나님의 능력으로써 여리고 성을 도는 동안에 하나님의 도우심을 믿고 행진하라는 뜻이다. 여리고 성의 무너짐에 대하여 기록된 여호수아 6장에서만 일곱이라는 숫자가 14번 나오고 있다. 일곱은 하나님께 속한 신성한 숫자로서 '완성', '완전', '극치'라는 의미를 가지고 있다. 그리고 '양각 나팔'은 회중을 모으거나 어떤 사람의 출현을 알리기 위한 경우와 희년이 돌아왔다는 사실을 알리기 위하여 사용되었다. 또한 이방 세력을 향한 예수 그리스도의 복음의 승리를 예표한 것이다.

이리하여 이스라엘의 지도자 여호수아는 제사장과 백성들과 함께 평소에는 하루 한 번씩 돌았고, 마지막 일곱째 날에는 일곱 번씩 돌면서 양각 나팔을 불 때에 난공불락의 여리고 성이 무너지고 함락되었다.

"일곱째 날 새벽에 그들이 일찍이 일어나서 전과 같은 방식으로 그 성을 일곱 번 도니 그 성을 일곱 번 돌기는 그날뿐이었더라 일곱 번째에 제사장들이 나팔을 불 때에 여호수아가 백성에게 이르되 외치라 여호와께서 너희에게 이 성을 주셨느니라…이에 백성은 외치고 제사장들은 나팔을 불매 백성이 나팔 소리를 들을 때에 크게 소리 질러 외치니 성벽이 무너져 내린지라 백성이 각기 앞으로 나아가 그 성에 들어가서 그 성을 점령하고 그 성안에 있는 모든 것을 온전히 바치되 남녀노소와 소와 양과 나귀를 칼날로 멸하니라"(수 6:15-21).

🙏 사울의 승리와 **새벽**

사울은 길르앗 야베스의 전투에서 자신의 왕권을 확립하였다. 사울은 암몬 족속의 습격을 받자 하나님의 영에 감동되어 전국적으로 군대를 모집하여 '새벽'(in the morning) 시간에 적진 속으로 들어가 암몬과 싸워서 승리하였다. 그때 사울은 암몬과의 싸움에서 승리한 영광을 자신에게 돌리지 아니하고 하나님께 돌리는 겸손한 자세를 보였다. "여호와께서 겸손한 자들을 붙드시고 악인들은 땅에 엎드러뜨리시는도다"(시 147:6), "주 앞에서 낮추라 그리하면 주께서 너희를 높이시리라"(약 4:10).

"사울이 베섹에서 그들의 수를 세어 보니 이스라엘 자손이 삼십만 명이요 유다 사람이 삼만 명이더라 무리가 와 있는 전령들에게 이르되 너희는 길르앗 야베스 사람에게 이같이 이르기를 내일 해가 더울 때에 너희가 구원을 받으리라 하라 전령들이 돌아가서 야베스 사람들에게 전하매 그들이 기뻐하니라 야베스 사람들이 이에 이르되 우리가 내일 너희에게 나아가리니 너희 생각에 좋을 대로 우리에게 다 행하라 하니라 이튿날 사울이 백성을 삼 대로 나누고 새벽에 적진 한가운데로 들어가서 날이 더울 때까지 암몬 사람들을 치매 남은 자가 다 흩어져서 둘도 함께한 자가 없었더라"(삼상 11:8-11).

다윗의 승리와 **새벽**

다윗은 아말렉과 싸울 때에 하나님의 도우심으로 "새벽부터 이튿날 저물 때까지"(from twilight until the evening of the next day) 싸워서 아말렉의 젊은 400명들을 다 쫓아내었다. 다윗은 그들에게 빼앗겼던 짐승들과 물건들과 모든 전리품을 도로 다 찾았고, 그 전리품들을 싸움에 출전하지 않은 자들과 함께 나누는 관용을 베풀었다. 이로 인하여 다윗은 왕으로 등극하게 되는 길을 마련하였다. 그리고 이것이 후대에 와서는 이스라엘의 군율이 되었다.

"다윗이 새벽부터 이튿날 저물 때까지 그들을 치매 낙타를 타고 도망한 소년 사백 명 외에는 피한 사람이 없었더라 다윗이 아말렉 사람들이 빼앗아 갔던 모든 것을 도로 찾고 그의 두 아내를 구원하였고 그들이 약탈하였던 것 곧 무리의 자녀들이나 빼앗겼던 것은 크고 작은 것을 막론하고 아무것도 잃은 것이 없이 모두 다윗이 도로 찾아왔고 다윗이 또 양 떼와 소 떼를 다 되찾았더니 무리가 그 가축들을 앞에 몰고 가며 이르되 이는 다윗의 전리품이라 하였더라"(삼상 30:17-20).

🙏 에스라의 율법 낭독과 **새벽**

구약시대 느헤미야 선지자의 시대에 무너진 예루살렘의 성벽이 재건되고 이스라엘 백성들이 정착하게 되었다. 그리고 느헤미야는 수문 앞 광장에서 이스라엘 백성들이 영적 각성을 통하여 '하나님의 언약백성'으로서 하나님 여호와께 순종하는 삶을 살도록 가르쳤다. 그때 제사장 에스라 학사가 '새벽부터 정오까지'(from daybreak to till noon) 율법책을 낭독할 때에, 모든 남자와 여자가 귀를 기울이며 손을 들고 아멘으로 응답하며 여호와께 경배하였다.

이스라엘 백성들이 '손을 들었다'는 것은 위대하시고 광대하신 오직 하나님만 의지할 수밖에 없을 만큼 이스라엘 백성들의 부족함을 시인하는 표시이다. 그리고 '아멘 아멘으로 응답하였다'는 말은 하나님은 광대하시고 위대하시다는 학사 에스라의 말에 모든 이스라엘 백성들도 동감하였다는 뜻이다.

"일곱째 달 초하루에 제사장 에스라가 율법책을 가지고 회중 앞 곧 남자나 여자나 알아들을 만한 모든 사람 앞에 이르러 수문 앞 광장에서 새벽부터 정오까지 남자나 여자나 알아들을 만한 모든 사람 앞에서 읽으매 뭇 백성이 그 율법책에 귀를 기울였는데…에스라가 모든 백성 위에 서서 그들 목전에 책을 펴니 책을 펼 때에 모든 백성이 일어서니라 에스라가 위대하신 하나님 여호와를 송축하매 모든 백성이 손을 들고 아멘 아멘 하고 응답하고 몸을 굽혀 얼굴을 땅에 대고 여호와께 경배하니라"(느 8:2-6).

요나의 박넝쿨과 **새벽**

하나님은 요나에게, "너는 일어나 저 큰 성읍 니느웨로 가서 그것을 향하여 외치라"(욘 1:2)고 명령하셨다. 그런데 요나 선지자는 하나님의 명령에 불순종하여 다시스로 도망을 치다가 바닷속에 있는 큰 물고기의 배 속으로 들어가서 주야로 3일 동안을 있었다. 그곳에서 요나는 하나님 여호와를 향하여 자신의 잘못을 깨닫고 뉘우치며 간절히 기도할 때에, 하나님은 물고기로 요나를 육지에 토하게 하셨다. 이후 요나는 니느웨 성에서 복음을 전파하였다.

그때 요나 선지자는 하나님의 백성 이스라엘의 대적이 되는 니느웨 성 사람들에게 사랑과 은총을 베푸시는 하나님의 사랑과 섭리에 불만을 토로하였다. 아직까지도 모든 백성들을 향하여 사랑과 자비를 베푸시는 하나님의 '구속사적인 경륜과 섭리'를 깨닫지 못하는 요나 선지자에게 하나님께서는 '새벽'(at dawn)에 나타난 박넝쿨 사건을 통하여 깨닫게 하셨다.

박넝쿨은 요나가 수고해서 얻은 것도 아니며, 하룻밤에 나왔다가 하룻밤이 지나면 시들어 죽어 버리는 아무 가치도 없는 것이다. 그런데 요나가 보잘것없는 박넝쿨을 아끼면서 성을 내었다면, 선과 악을 분별하지 못하는 사람이 12만 명 이상이고 수많은 가축들이 있는 이 큰 성읍 니느웨를 불쌍히 여기는 것이 옳지 않냐고 하나님은 책망하셨다.

"요나가 성읍에서 나가서 그 성읍 동쪽에 앉아 거기서 자기를 위하여 초막을 짓고 그 성읍에 무슨 일이 일어나는가를 보려고 그 그늘 아래에 앉았더라 하나님 여호와께서 박넝쿨을 예비하사 요나를 가리게 하셨으니 이는 그의 머리를 위하여 그늘이 지게 하며 그의 괴로움을 면하게 하려 하심이었더라 요나가 박넝쿨로 말미암아 크게 기뻐하였더니 하나님이 벌레를 예비하사 이튿날 새벽에 그 박넝쿨을 갉아먹게 하시매 시드니라"(욘 4:5-7).

예수님의 탄생, 부활의 소식과 증거와 **새벽**

신약성경에서 새벽 시간에 예수님의 탄생으로부터 시작하여 부활까지, 그리고 사도들의 복음사역에도 역시 새벽 시간에 하나님의 능력이 많이 나타났다.

예수님은 새벽 시간에 탄생하셨다. 누가복음 2장 보면 양을 치는 목자들이 새벽 시간에 아기 예수님 탄생의 기쁜 소식을 천사들에게 들었다.

"그 지역에 목자들이 밤에 밖에서 자기 양 떼를 지키더니…오늘 다윗의 동네에 너희를 위하여 구주가 나셨으니 곧 그리스도 주시니라"(눅 2:8-11).

여기에서 '밤에'(at night)라는 헬라어는 테스 뉘크토스(τῆς νυκτός)로 이 단어는 '밤을 새워서'라는 뜻을 가지고 있는데 즉 새벽을 포함한 밤중의 시간을 의미한다. 그리고 새벽 별 되신 예수 그리스도의 부활도 주일날 새벽 시간이었다. 막달라 마리아와 다른 마리아는 안식일이 다 지나고 안식 후 첫날이 되려는 '새벽'(at dawn on the first day, 마 28:1)에 천사를 통하여 예수님의 부활의 기쁜 소식을 들었다.

"안식일이 다 지나고 안식 후 첫날이 되려는 새벽에 막달라 마리아와 다른 마리아가 무덤을 보려고 갔더니 큰 지진이 나며 주의 천사가 하늘로부터 내려와 돌을 굴려 내고 그 위에 앉았는데 그 형상이 번개 같고 그 옷은 눈같이 희거늘 지키던 자들이 그를 무서워하여 떨며 죽은 사람과 같이 되었더라 천사가 여자들에게 말하여 이르되 너희는 무서워하지 말라 십자가에 못 박히신 예수를 너희가 찾는 줄을 내가 아노라 그가 여기 계시지 않고 그가 말씀하시던 대로 살아나셨느니라 와서 그가 누우셨던 곳을 보라"(마 28:1-6).

또 이뿐인가? 예수님의 사도들은 유대교의 당파 중에 하나이며 부활과 천사, 영생, 영혼에 대하여 부인하는 사두개인들을 대항하면서, '새벽'(at daybreak) 시간에 성전에 들어가서 하나님의 생명의 말씀을 증거하였다.

"주의 사자가 밤에 옥문을 열고 끌어 내어 이르되 가서 성전에 서서 이 생명의 말씀을 다 백성에게 말하라 하매 그들이 듣고 새벽에 성전에 들어가서 가르치더니"(행 5:19-21).

신구약 성경을 통하여 나타난 하나님의 역사와 능력, 기적과 축복은 새벽 시간에 나타났을 뿐만 아니라, 새벽 영성을 가진 믿음의 조상 아브라함을 비롯한 이삭, 야곱, 여호수아, 다윗, 에스라, 요나에게 나타났다. 또한 막달라 마리아와 다른 마리아에게 새벽 시간에 부활의 기쁜 소식을 들려주었다. 예수님은 새벽 시간에 갈보리 십자가 위에서 죽으시고, 죽음과 사망의 권세를 깨트리고 3일 만에 무덤에서 부활하셨다.

영국 웨스트민스터 채플(Westminster Chapel)에서 30년 동안 예수 그리스도의 복음을 전파하였던 강단 영성의 목회자인 로이드 존스(D. Martyn Lloyd Jones)는 그리스도의 부활 사건을 다음과 같이 말하였다.

"첫째, 부활이야말로 그리스도가 어떤 분인지 최종적으로 입증해주었다. '주는 그리스도시요 살아 계신 하나님의 아들이시니이다'(마 16:16). 둘째, 부활은 주께서 죽음을 통하여 자신이 주장한 모든 일들을 성취하셨다는 것을 최종적으로 입증해주었다. '예수는 우리가 범죄한 것 때문에 내줌이 되고 또한 우리를 의롭다 하시기 위하여 살아나셨느니라'(롬 4:25). 셋째, 부활은 그리스도가 모든 원수들에게서 우리를 구원하실 수 있다는 것을 입증해주었다. '사망이 쏘는 것은 죄요 죄의 권능은 율법이라 우리 주 예수 그리스도로 말미암아 우리에게 승리를 주시는 하나님께 감사하노니'(고전 15:56-57). 마지막으로 부활은 주님이 만물의 심판자가 되신다는 사실을 입증해주었다. '이는 정하신 사람으로 하여금 천하를 공의로 심판할 날을 작정하시고, 이에 그를 죽은 자 가운데서 다시 살리신 것으로 모든 사람에게 믿을 만한 증거를 주셨음이니라 하니라'(행 17:31)."[47]

오늘날 크리스천들이 가지고 있는 새벽기도는 어떠한 시간인가? 이 시간은 먼저 하나님과 신령한 교제의 시간, 즉 '하나님과 나만의 시간' 혹은 '묵상의 시간'(quiet time)이다. 그리고 오늘 하루의 일을 시작하기 전에 먼저 모든 것을 하나님께 맡기고 드리는 시간이다. 마지막으로 오늘 하루의 영적인 새 힘을 간구하고 믿음의 새 비전을 바라보는 시간이다.

정말 예수 그리스도께서는 하나님의 독생자가 되시고, 새벽 별이 되시고, 새벽기도의 영성을 가지고 3년간의 공생애 사역을 성공적으로 마치셨다. 그리고 예수 그리스도는 새벽기도 영성의 본래적 참 모델이 되신다.

"새벽 아직도 밝기 전에 예수께서 일어나 나가 한적한 곳으로 가사 거기서 기도하시더니"(막 1:35).

---

47) D. Martyn Lloyd Jones, *Courageous Christianity*, Volume 2 (Edinburgh: The Banner of Truth Trust, 2001); 《담대한 기독교》, 정상윤 역 (서울: 복있는 사람들, 2003) pp. 296-306.

"안식 후 첫날이 되려는 새벽에 막달라 마리아와 다른 마리아가 무덤을 보려고 갔더니…천사가 여자들에게 말하여 이르되 너희는 무서워하지 말라 십자가에 못 박히신 예수를 너희가 찾는 줄을 내가 아노라 그가 여기 계시지 않고 그가 말씀하시던 대로 살아나셨느니라"(마 28:1-6).

"내 영광아 깰지어다 비파야, 수금아, 깰지어다 내가 새벽을 깨우리로다"(시 57:8).

"하나님이 그 성중에 계시매 성이 흔들리지 아니할 것이라 새벽에 하나님이 도우시리로다"(시 46:5).

제4장

새벽기도 영성의 역사적 모델
길선주 목사

　　　　새벽기도회는 동이 트기 전에 교회에 모여서 하나님께 기도하는 집회 시간이다. 이 모임은 계절을 따라서 새벽 4시 혹은 5시에 시작하여 찬송과 기도와 성경 강해나 혹은 설교를 하며 약 20-30분 정도로 공식적인 집회를 가진다. 그리고 새벽기도회를 마친 후에는 개인별 기도의 시간을 가진다.
　새벽예배는 서양의 기독교를 비롯하여 세계적으로 어느 곳에서도 찾아볼 수 없는, 오직 한국교회의 독특한 집회 형태로 발전하여 토착화된 기독교 예배의 한 유형이다.

　로마 가톨릭 교회와 성공회에서는 새벽기도회와 유사한 기도회로서 새벽 시간과 오전 시간을 구분하여 기도하는 시간이 있다. 그러나 이러한 기도회는 한국 초대교회의 새벽예배와는 근본적인 차이를 보여주고 있다.

그러므로 한국 초대교회 새벽기도회의 역사적 기원은 로마 가톨릭 교회나 성공회, 혹은 서양 기독교의 영향으로 유래된 것이 아니라, 한국적인 종교문화 속에서 자연적으로 발생된 것이라고 말할 수 있다. 한국의 종교적 문화적인 상황에서 갖는 새벽 시간은 단순히 하루의 시작이라는 뜻이 아니라, 신에 대한 기원을 이루는 신성하고 거룩한 시간이라는 의미가 있다.

1. 길선주 목사의 첫 새벽기도회

한국 초대교회사에 의하면, 1906년 평양 장대현교회의 길선주 목사가 한국 최초로 새벽기도회를 개최하였다. 이 새벽기도회 모임은 세계에서 최초의 새벽기도회가 되었다.

초대 한국교회사[48]에 의하면, 1876년 백홍준(1848-1893)은 중국 만주에서 존 맥킨타이어(John MacIntire) 선교사를 통하여 예수를 믿고 세례를 받았다. 백홍준은 이응찬, 이성하, 김진기와 함께 한국 최초의 개신교 교인이 되었다. 그리고 그는 한국 최초의 전도사와 장로요, 한국인

---

48) 기독교대백과사전편찬위원회, 《기독교대백과사전》(The Christian Encyclopedia), Vol. VIII (서울: 기독교문사, 1983), pp. 901-902; Ref. 《새문안교회 70년사》(1958), p. 47.

최초의 순교자이다.

  1866년 고종 3년 병인양요와 고종 8년 신미양요 이후 흥선대원군은 척화비를 전국에 세우고, 조선사람이 서양인과 접촉하게 되면 누구든지 먼저 목을 베고 난 후 그다음에 보고해도 된다는 무자비한 법령을 내렸다. 이러한 상황 속에서 조선사람 중에는 조선과 만주 땅을 넘나들면서 외국인들과 접촉하는 사람들이 더러 있었다. 그중에 한 사람이 이응찬이었다.

  그는 평북 의주 출신으로서 개화사상에 눈을 뜨고 큰 뜻과 비전을 가슴에 품고 중국의 관문이며 조선인이 많이 살고 있는 '고려문(Korea gate)으로 찾아갔다. 여기에서 이응찬은 한약재를 배에 가득 싣고 압록강의 거센 물결을 건너다가 갑자기 불어오는 강한 남풍을 만나서 배가 뒤집히는 바람에 한약재를 모두 강물 속에 빠뜨리고 겨우 목숨만 건졌다. 이리하여 마침내 이응찬은 빈털터리가 되어서 갈 곳도 없었고, 그렇다고 말도 통하지 않아서 이리저리 방황하고 있었다.

  그러던 중 한 중국 사람을 만났는데, 그 중국인은 바로 존 로스(John Rose) 선교사의 서기였다. 서기 중국인은 로스 선교사의 한국어 선생을 찾고 있던 중 이응찬을 만났다. 이후 이응찬은 같은 고향 사람인 백홍준과 이성하, 김진기 청년들을 로스 선교사에게 소개하였고, 그들은 3년 동안 로스 선교사와 맥킨타이어 선교사에게 한글을 가르치고 대신 그들에게 서구 학문을 배우기로 하였다.

  백홍준과 세 사람은 로스 선교사와 맥킨타이어 선교사의 한글성경 번역사역을 도와서, 1882년 드디어 한글성경으로 쪽복음인 누가

복음과 요한복음을 출간하였다. 1887년 〈예수성교전서〉라는 최초의 신약 한글성경을 출판하게 되었다. 이로 말미암아 그들은 최초로 한글성경 번역사역에 크게 공헌하였다.

이때 백홍준은 한국 역사와 한글을 가르치는 중에 두 선교사들의 삶과 태도에 크게 영향을 받았다. 백홍준의 굳게 닫혔던 마음의 문이 서서히 열리기 시작하였고, 성령의 뜨거운 감동 감화를 받아 예수 그리스도를 믿고 세례를 받았다. 로스 선교사는 백홍준에게 '전도인'이라는 공식적인 직함을 수여하면서 동족들에게 예수 그리스도의 복음을 전파하라는 사명을 주었다. 그때 백홍준은 쾌히 승낙하였고, 이후부터 전도인 백홍준은 중국 만주에서 돌아온 후 하나님께 매일 새벽기도를 드리고, 백두산 지역을 다니면서 예수 그리스도의 복음을 전파하고, "'애워! 애워! 주 예수 애워!" 하면서 중국어 찬송을 불렀다고 그의 딸 백관성이 증언하였다.[49]

이에 백홍준은 1906년도에 길선주 목사가 시작한 새벽기도회보다 약 19년 전부터 새벽기도를 가진 것이다. 여기에서 두 사람의 새벽기도의 차이점을 생각해 본다면 길선주 목사의 새벽기도는 공식적인 기도회였다면, 백홍준 장로의 새벽기도는 개인적인 새벽기도였다.

요약한다면, 예수 그리스도가 '새벽기도 영성의 본래적 모델'이라면, 백홍준 장로는 '새벽기도의 제1호'라고 할 수 있으며, 길선주 목

---

49) *Ibid.*

사는 '새벽기도 영성의 역사적 모델'이라고 부를 수 있다.

길선주 목사의 영성은 '새벽기도의 영성'(spirituality of early morning prayer)이다. 길선주(1869-1935)는 평안남도 안주에서 출생하였다. 그는 4세 때부터 한문을 배우면서 한시를 좋아하였고, 12세에 장원이 되었다. 길선주는 18세에 장사를 시작하였으나 실패하였다. 어느 날 주위에 있는 깡패들에게 얻어맞아 아픔을 당하고 고생을 하다가 중병까지 걸렸다. 15세에는 안국사 절간에 들어가서 3년간 불도를 닦았으나 소망을 찾지 못하였고, 다시 도교(Taoism)에 들어가서 4년간 선약을 연구하였으나 오히려 두 눈의 시력이 약해져 버렸다.

1890년 청년 길선주는 평양 시내에 양귀신이 나타나서 새로운 교리를 전한다는 소문을 듣고 호기심에 찾아가서 마포삼열(Samuel Austin Moffett) 선교사를 만났다. 이후 김종섭을 통하여 길선주는 기독교로 회심하였다. 길선주는 32세에 평양 장대현교회의 장로 장립을 받았고, 34세에 평양신학교에 들어가서 졸업을 하였고, 최초 한국인 7인 목사들(서경조, 길선주, 양전백, 이기풍, 한석진, 방기창, 송인서) 가운데 한 명이 되었다.

길선주 목사의 새벽기도회의 시작과 근거에 대해서는 여러 가지 해석들이 있다. 어느 날, 청년 시절에 길선주는 '예수를 믿을까?' 고민하고 있을 때, 김종섭으로부터 《천로역정》(Pilgrim's Progress)[50]이라

---

50) 《천로역정》(Pilgrim's Progress)은 순교자이며 청교도인 존 번연(John Bunyan, 1628-1688)

는 책을 받아 밤새도록 책을 보며 새벽마다 기도를 드렸다. 원래 길선주는 초보적인 수도승이었다가 기독교로 개종하고 목사가 되었다. 보편적인 해석에 의하면, 길선주는 수도 시절에 절간에서 새벽 3시에 '예불'을 드리는 것이 기초가 되어 교회에서 새벽기도를 시작하였다고 한다. 그러나 길선주 목사의 새벽기도가 불교의 예불로부터 왔다는 것은 현실적인 관찰에서는 생각할 수 있으나 근원적으로는 성경에서, 즉 예수님의 새벽기도에서 그 모델을 찾아야 할 것이다.

"새벽 아직도 밝기 전에 예수께서 일어나 나가 한적한 곳으로 가사 거기서 기도하시더니"(막 1:35).

"예수는 물러가사 한적한 곳에서 기도하시니라"(눅 5:16).

길선주 목사가 시작한 새벽기도는 개인적 영적 신앙훈련의 방편으로 시작하여 교회의 공식적인 집회로 발전하게 되었다. 길선주 목사의 아들 길진경 목사는 말하기를, "아버지 길선주 목사는 교회에 영적 변화가 일어나야 할 것을 통감하고, 박치록 장로와 함께 두 분이 새벽기도를 시작하였다. 이 사실을 알게 된 교우들이 새벽기도에 참여하기 시작하였다. 이에 힘을 얻은 길선주 목사는 교회를 반석 위에 세우기 위한 영적 개혁운동에 모든 교인들이 정성껏 집중되고, 성령의 역사로 승화되고 있음을 확신하고 계속적으로 새벽기도회를

이 저술한 책으로서, 성경 다음으로 베스트셀러가 된 불후의 명작이다. 이 책은 비유와 상징의 방법으로 외로운 순례자가 천국에 이를 때까지의 과정에서 하나님의 놀라운 계시와 영원한 진리, 구원의 길로 인도받는 글이다.

하였다."⁵¹⁾

 이후 길선주 목사가 시작한 새벽기도회는 한국교회에 보편화되었고, 요원의 불길처럼 번져 나갔다. 그리하여 초기 한국교회에서부터 오늘날 한국교회는 매일 새벽기도회로 모이지 않는 교회가 거의 없을 정도로 한국교회의 필수적인 존재가 되었다. 이제 새벽기도는 한국교회의 체질이 되었고, 신앙의 생리가 되었다. 이것은 마치 한국사람들에게서 김치와 된장찌개를 분리할 수 없는 것처럼 새벽기도는 한국교회의 지체요, 상징이요, 영적인 상품이 되었다.

 길선주 목사가 인도하는 새벽기도회에는 '중보기도'(prayer of mediator)의 요소가 있다. 한국교회에서 가지는 새벽기도의 모임은 보통 새벽 5시 혹은 5시 30분에, 늦으면 6시부터 시작한다. 예배 인도자에 의하여 찬송과 기도와 신앙고백과 짧은 설교를 마친 후 주기도문으로 폐회를 한다. 곧이어서 개인별 합심 통성기도를 시작하는데, 특별한 기도의 제목을 하나님 앞에 놓고 '서원기도' 혹은 소위 말하는 '중보기도'를 한다.
 그런데 중보기도라는 것은 형제와 자매와 이웃을 위하여 기도하며, 병자와 고난을 당하는 자를 위하여, 그리고 사회와 민족과 나라를 위하여 기도하는 것이다. 즉, 이 중보기도는 하나님의 계명을 지키고 이웃을 사랑하는 '사랑의 사회성'을 발휘하는 기도이다.

---

51) 기독교대백과사전편찬위원회, *op. cit.*, p. 902.

"예수께서 이르시되 네 마음을 다하고 목숨을 다하고 뜻을 다하여 주 너의 하나님을 사랑하라 하셨으니 이것이 크고 첫째 되는 계명이요 둘째도 그와 같으니 네 이웃을 네 자신같이 사랑하라 하셨으니"(마 22:37-39).

오늘날 한국교회는 새벽기도회를 통하여 한국교회의 또 하나의 뉴브랜드(new brand)로서 중보기도를 만들게 되었다. 그런데 이 중보기도라는 이름은 엄격히 말해서 성경적인 개념도 아니고, 성경적 명칭도 결코 아니다. 왜냐하면 오직 하나님의 아들이신 예수 그리스도만이 우리의 구세주로서 중보자가 되실 수 있기 때문이다. 히브리서 기자는 예수 그리스도를 호칭하면서 이르기를, "새 언약의 중보자이신 예수"(히 12:24)라고 말하였기 때문이다.

사도 바울은 갈라디아 교회에게 예수 그리스도는 하나님께서 아브라함과 맺은 은혜로운 언약으로 말미암아 사람 편에서 율법을 극복하게 하는 하나님이 보내신 중보자라고 교훈하였다.

"이 약속들은 아브라함과 그 자손에게 말씀하신 것인데 여럿을 가리켜 그 자손들이라 하지 아니하시고 오직 한 사람을 가리켜 자손이라 하셨으니 곧 그리스도라…그런즉 율법은 무엇이냐 범법하므로 더하여진 것이라 천사들을 통하여 한 중보자의 손으로 베푸신 것인데 약속하신 자손이 오시기까지 있을 것이라 그 중보자는 한 편만 위한 자가 아니나 하나님은 한 분이시니라"(갈 3:16-20).

그리고 사도 바울은 믿음의 아들 디모데에게 분명히 가르치기를, "하나님은 한 분이시요 또 하나님과 사람 사이에 중보자도 한 분이시니 곧 사람이신 그리스도 예수라 그가 모든 사람을 위하여 자기를 대속물로 주셨으니 기약이 이르러 주신 증거니라"(딤전 2:5-6).

참 중보자는 오직 예수 그리스도 한 분이시다. 오직 중보자 예수님께서 우리를 위하여 '중보기도' 하고 계신다. 그는 하나님 보좌 우편에 앉으시고 우리를 위하여 친히 간구하시고, 그리고 그의 보혜사 성령을 통하여 우리를 위하여 친히 간구하고 계신다(히 12:24; 골 3:1; 롬 8:26).

그러므로 우리는 다른 사람과 형제와 자매, 이웃과 사회와 민족을 위하여 예수 그리스도처럼 중보자로서의 중보기도는 할 수 없으나, 상대방을 향하여 그들의 구원과 죄 사함과 고통과 질병을 치료하기 위하여 하나님 앞에 중재적인 기도를 하는 것이 마땅할 것이다. 즉, 중보기도라는 이름보다는 '중재기도' 혹은 '대리기도'와 '대표기도'로 바꾸어서 사용하는 것이 더 좋을 것 같다.

"그러므로 내가 첫째로 권하노니 모든 사람을 위하여 간구와 기도와 도고(중재, intercession)와 감사를 하라"(딤전 2:1).

2. 새벽기도회와 영적 각성 운동

1905년 길선주 목사는 영국의 남부 웨일스(Wales) 지방에서 부흥운동이 일어났다는 소식을 듣고 평양 지역의 부흥을 위하여 기도하기 시작하였다. 그는 몇몇 교우들과 함께 새벽기도회를 시작하였다. 드디어 1906년부터 부흥운동이 일어나기 시작하여 황해도 재령에서 길선주 목사는 부흥회를 인도하는 가운데 회개운동과 영적각성 운동을 일으켰다. 그리고 길선주 목사의 첫 새벽기도회 이후 1907년 1월 6일부터 16일까지 전국 각처에서 1,500여 명의 신자들이 평양 장대현교회에 모여 10일 동안 부흥사경회를 가졌다. 이 부흥사경회는 성령의 강력한 역사로 한국 초대교회의 영적각성운동이요, 마치 한국의 오순절과 같았다. 새벽기도회를 시작하여 주야로 가졌던 부흥사경회는 정말 뜨거운 열정과 감격, 눈물과 회개, 결단과 헌신으로 이어지는 영적각성 부흥운동으로 성령의 불길이 솟아올랐다.[52]

첫째 날 장대현교회의 부흥사경회에서는 성령의 강력한 역사가 나타났다. 길선주 목사의 모습은 마치 광야에서 죄를 회개하라고 외쳤던 세례 요한의 모습과 같았다. 그리고 교인들의 영적 열기는 신약 초대교회의 마가 다락방에서 있었던 성령의 불길과 같았다. 약 1,500명이 모인 첫째 날의 집회에 참석한 정익로 장로는 다음과 같이 술회하였다.

---

52) 민경배,《한국기독교회사》(서울: 대한기독교출판사, 1989), pp. 2509-261; 박용규,《한국기독교회사》1권 (서울: 생명의 말씀사, 2012), pp. 862-882.

"그날 밤 길선주 목사의 얼굴은 위엄과 능력이 가득 찬 얼굴이었고, 순결과 성결로 불붙는 얼굴이었다. 그는 길 목사가 아니었고 바로 예수님이었다. 그의 앞에서 도피할 수가 없었다. 하나님이 나를 불러 놓은 것으로만 생각되었다. 전에 경험하지 못한 죄에 대한 굉장한 두려움이 나를 엄습하였다. 어떻게 하면 이 죄를 떨어 버릴 수 있고 도피할 수 있을까 나는 몹시 번민하였다. 그러나 전보다 더 극심한 근심에 싸인 얼굴과 죽음에 떠는 영을 가지고 예배당으로 되돌아와서 '오! 하나님 나는 어떻게 했으면 좋겠습니까'라고 울부짖었다."[53]

1월 15일 마지막 부흥회에서 길선주 목사의 설교를 통하여 나타난 회개운동은 단순히 죄를 고백하는 것만으로 끝나지 않았다. 상대방과 이웃과 사회를 향하여 뉘우침과 용서를 구하고, 찾아가서 용서를 구하고 재정적 손해를 배상하는 진정한 변화이고 새로운 모습이었다. 마지막 부흥회의 모습을 다음과 같이 기록하였다.

"길선주 목사의 설교가 있은 뒤 집으로 돌아갈 사람은 돌아가라고 했다. 그러나 600-700명이 기도하기 위해 남아 있었다. 우리와 몇몇 선교사들은 길 씨와 주 씨 두 사람을 위해서 특별기도를 했다. 그들은 그들의 생활에서 회개할 것이 있기 때문이었다. 그런데 갑자기 길 씨가 일어나 자신은 형제들을 질시했을 뿐만 아니라, 특히 방위량(W. N. Blair) 선교사를 극도로 미

---

53) 한국기독교사연구회, 《한국 기독교의 역사 1》 (서울: 기독교문사, 1989), p. 270.

워했음을 회개한다고 하며 보기에도 비참할 정도로 땅바닥에 굴렀다. 한 교인이 또 일어나 자신의 죄를 자복하기 시작하였는데 그는 음란과 증오, 특별히 자기 아내를 사랑하지 못한 죄뿐만 아니라 일일이 다 기억할 수 없는 온갖 죄를 자복하였다. 그는 기도하면서 스스로 억제할 수 없을 정도로 울었고 온 회중도 따라 울었다. 우리는 그 순간, 살아 계신 하나님 앞에 있음을 분명하게 느꼈다."[54]

또 한국 초대교회의 역사 기록에 의하면, 그 당시의 상황을 묘사한 글들을 다음과 같이 여러 가지로 소개하고 있다.

"2천 명 이상을 수용하는 장대현예배당에 차고 넘치도록 모인 사경회 회원 전체가 성령에 휩쓸린 바 되어 혹은 소리쳐 울고, 혹은 가슴 쳐 통곡하며, 혹은 흐느껴 울면서 기도하고, 혹은 발을 구르고 자복하며, 혹은 춤을 추면서 찬미하니, 소리 소리 합하여 소리의 기둥은 번제단에 타오르는 불기둥과 같이 하늘로 떠올랐다."[55]

"길선주 장로는 '이상한 귀빈과 괴이한 주인'이라는 제목의 설교를 했다. 우리를 찾아오신 주님이 이상한 귀빈이라는 것이었다. 존귀하신 분이 비천하고 누추한 땅에 오셨으니 이상한 귀

---

54) *Ibid*.
55) 한국기독교성령100년사편찬위원회,《한국기독교성령백년인물사 I》(서울: 쿰란출판사, 2009), p. 26.

빈이고, 귀중한 몸인데 오셔서 밖에서 오래 기다리시니 이상한 귀빈이라는 것이다. 귀빈을 맞아들이지 않는 사람은 괴이한 주인이라는 것이었다. 자애하신 귀빈을 환영치 않으니 괴이한 주인이고, 간절하신 음성을 듣지 않으니 괴이한 주인이며, 굳게 닫은 방문을 열지 않으니 괴이한 주인이라는 것이었다. 길 장로는 '문을 열라 문을 열라 문을 열고 환영하라'고 준엄하게 외쳤다. 길선주 장로의 '마음의 문을 열고 성령을 영접하라'는 열띤 설교가 시작되었다. 설교가 끝나고 길 장로의 기도가 시작되자 감동을 받은 회중들은 자기들도 모르게 '아이고, 아이고' 소리를 지르며 통회자복했다. 장내는 금세 울음바다가 되었다."56)

"그는 기도회 도중에 갑자기 일어나 큰소리로 외치기를 '나는 아간과 같은 죄인이올시다'라고 하면서 지난날의 죄를 뉘우치면서 회개했다. 길 장로는 기도하기를 '나는 하나님을 속였고, 친구와 그의 부인을 속인 도둑놈입니다. 내일 아침 일찍이 그 돈을 부인에게 돌려주겠습니다'라고 공중 앞에서 눈물과 함께 자복하였다. '나 때문에 온 회중이 은혜를 받지 못하고 있으니 나는 죄인 중의 죄인이올시다'라는 자복기도는 쉬지 않고 계속되었다. 회중은 이때 모두 마룻바닥을 치면서 회개하기를 시작하였다."57)

---

56) *Ibid.*, pp. 26-27.
57) *Ibid.*

1907년 평양 장대현교회에서 영적각성운동의 불길은 1월부터 시작하여 6월까지 전국적으로 계속되었다. 평양에서 있었던 놀라운 오순절 성령의 역사는 한 달도 되지 않아 서울에서부터 시작하여 선천, 청주, 광주, 대구 등 전국 방방곡곡으로 퍼져나갔다. 그 당시의 상황을 다음과 같이 기록하였다.

"하나님의 성령은 놀라운 방법으로 자신을 현현하시고 교회의 권능, 새로운 기쁨을 가져다주셨다. 그래함 리(Graham Lee)는 신천으로, 헌트(Hunter)는 대구로, 소안론(Swallen)은 광주로, 길 장로는 의주와 서울로 달려갔다. 성령의 임재는 교회에서 교회로, 한 선교부에서 다른 선교부로 확산되어 마침내 온 나라가 인간의 마음을 움직이는 하나님의 성령의 놀라운 현현을 목격했다. 이중에서도 평양 장대현교회에서 성령의 불씨를 평양에서 전국으로 가지고 간 주역은 바로 길선주 장로였다. 의심할 바 없이 그는 평양 대부흥운동을 전국적인 현상으로 일으키는 데 결정적인 역할을 했다. 그를 통하여 '신자가 있는 곳이면 어디에서나 부흥의 체험이 반복되었다.' 알렌(Horace N. Allen)이 길선주를 부흥운동의 기폭제로 이해할 만큼 길선주는 1907년 대부흥운동의 저변 확대에 지도적인 역할을 하였던 것이다."[58]

평양 장대현교회의 길선주 목사의 인도로 가졌던 부흥사경회는 영적각성운동이었으며, 한국의 오순절운동의 불길이었다. 이 운동

---

58) 박용규, *op. cit.*, pp. 895-896.

이 한국교회에 끼친 영향은 다음과 같이 4가지로 요약[59]할 수 있다.

첫째, 이 운동을 통하여 기독교의 순수한 신앙과 정신이 한국 기독교에 뿌리를 내리게 되었다. 성령의 임재에 대한 확신과 죄에 대한 고백, 그리고 장래에 있을 마지막 대심판과 하나님의 공의와 사랑에 대해 한국교회가 체험적인 이해를 하게 되었다.

둘째, 이 운동을 통하여 한국인 신자와 외국인 선교사 간에 이해 증진이 되었다. 외국 선교사들은 한국인을 자신들과 구별되는 열등한 인간으로 보는, 즉 백인우월주의 의식을 가지고 있었다. 그래서 그들은 한국인 신자 앞에서 고자세로 군림하는 경향이 있었다. 또 다른 한편으로 한국인들은 서양인 선교사들을 무조건적으로 추종하려는 경향이 있었다. 그러나 이 운동을 통하여 외국인 선교사와 한국인 신자 간에 있었던 갈등과 앙금들이 해소되고 정화되었다. 그리하여 상호간의 신뢰와 이해가 더욱더 깊어지게 되었다.

셋째, 이 운동을 통하여 한국교회와 교인들의 도덕성이 향상되는 데 크게 공헌하였다. 교인들의 내면 깊숙이 숨겨져 있었던 죄의 고백은 정결하고 굳건한 신앙심을 심어 주었다. 초기 한국교회와 교인들의 사회적 도덕적인 취약점을 크게 불식시키는 데 공헌하게 되었다. 그리고 이후에는 한국교회가 경건성의 뿌리를 내리는 데 기틀이 되었다.

---

[59] 한국기독교사연구회, *Ibid.*, pp. 273-275.

마지막, 이 운동을 통하여 성경공부와 기도의 열심을 더하게 되었다. 초기 한국교회는 성경공부를 중심으로 한 부흥사경회가 일찍부터 시작되었다 그래서 평양에서부터 150-400리 떨어진 삭주와 창성, 의주 등지에서까지 교인들이 몇 주일간 먹을 쌀을 짊어지고 참석할 만큼 열정적이었다.

이러한 성경 중심의 신앙과 열정은 이후 복음적인 한국교회로 부흥 성장하는 데 큰 요인이 되었다. 그리고 초기 한국교회의 기도에 대한 열심도 마찬가지였다. 성경공부에 기초한 신앙인들은 역시 기도하는 일도 게을리하지 않았다. 초기 한국교회의 교인들은 모이기만 하면 합심으로 기도하였다. 1년 365일 매일 새벽기도회를 비롯하여 저녁 기도회와 철야기도회를 가졌다.

미국 데이비스(G. T. B. Davis) 선교사는 한국교회 교인들이 기도하는 모습을 다음과 같이 기록하였다.

"한국 교인들은 영혼을 위하여 매우 열심히 기도하고 있다. 그들의 독실하고 진지한 신앙은 기독교 나라인 우리들을 부끄럽게 한다. 지난 겨울에 인천 송도에서 부흥회가 몇 차례 있었는데, 교인들은 으레 밤 집회 이후에는 산에 올라가서 얼어붙은 맨땅에 엎디어 성령 강림을 위하여 하나님께 울며 기도하였다. 황해도 재령에서는 매일 새벽 5시 반이 되면 몇몇 사람의 한국인들이 내가 유숙하고 있는 선교사 집에 찾아와 한 시간 동안 기도하였다. 평양에서는 길 목사와 장로 한 사람이 교회당에 와서 새벽기도를 드리는 습관을 가졌다. 길 목사는 '누구든지 원하면 며칠 동안 새벽 4시 반에 모여 기도할 수 있다'고 알렸다. 그 이튿날에는 새벽 1시 반부터 사람들이 모이기 시작하였고, 2시에는 사람들이 더 많이 모이더니, 4시 반에 가서는 400명에 이르렀다."[60]

1907년 평양 장대현교회 길선주 목사의 새벽기도회로부터 시작한 영적각성운동은, 1700년대 미국에서 지성과 영성을 겸비한 탁월한 설교가이며 청교도의 후예로서 칼빈 신학을 발전시킨 조나단 에드워즈(Jonathan Edwads)의 영적각성운동[61]과도 같았다. 에드워즈는 열네 살에 예일 대학교에 입학하여 최우수 성적으로 졸업하였다. 그는 청소년 시절부터 하나님의 사랑에 빠져서 매일 기도하고 성경을 읽고 헌신하고 섬기는 삶을 통하여 하나님께 영광을 돌렸다. 그리고 영국의 조지 휫필드와 손을 함께 잡고 영적각성운동을 일으켰다.

그리고 평양의 영적각성운동은 18세기 영국에서 예수 그리스도의 복음을 전파하여 변화시킨 조지 휫필드(George Whitefield)의 영적각성운동[62]과도 같았다. 휫필드는 새벽기도의 영성을 가진 자로서 매일 새벽에 일어나 1시간 동안 기도를 드렸고, 낮에는 하루에 세 번씩 기도회 모임을 가졌다. 그는 오직 예수 그리스도의 복음만을 전파하였다. 마침내 휫필드는 당시 병들고 부패하고 타락한 영국사회를 영적으로 변화시키는 데 크게 공헌하였다.

---

60) Ibid.
61) 송삼용, 《영성의 거장들》 (서울: 기독신문사, 2003), pp. 142-147.
62) Ibid., pp. 254-256.

길선주 목사는 서울을 비롯하여 여러 지방에서 회개운동을 일으켰고, 계속하여 성령의 불길을 전국으로 확산시켰다. 한국 초대교회에 영적각성운동의 원동력이 되었다. 이러한 요인은, 첫째는 길선주 목사의 새벽기도 영성이며, 둘째는 말씀의 영성, 즉 말씀의 생활화이다.

그는 매일 한 시간씩 성경을 다독하였는데 일평생 동안 구약을 30독, 신약을 100독, 그리고 요한계시록은 1만 독을 하였다. 길선주 목사는 전국을 쉴 새 없이 누비며 영적각성운동을 일으켰고, 1935년 강서 고창교회에서 평서노회의 부흥사경회를 인도하고 마지막 축도를 마친 후 뇌일혈로 쓰러져 67세에 하늘나라로 소천하였다. 길선주 목사의 장례식 때에 당시 동아일보 송진우 사장은, 길선주 목사는 한국 민족의 위대한 지도자였음을 극찬하면서 다음과 같이 조사를 하였다.

"고 길선주 목사께서는 40년간의 목회생활 중에 강도(설교)가 1만 70회에 달하며, 청강자가 5백만 명이었고, 교회를 설립한 곳이 60개 처였으며, 그의 손으로 세례를 준 사람은 3천 명이었습니다. 이것은 다만 교회 내부의 일로만 볼 것이 아니라, 사회 민중교도에 얼마나 큰 공헌을 하였는가를 알 수 있는 것이니, 우리는 사회인으로서 선생의 큰 공적을 찬양하지 않을 수 없습니다. 길선주 목사는 지금 가셨어도 당신이 우리 사회에 남긴 공로는 길이 빛날 것입니다. 우리는 이 자리에서 눈물을 거두고 선생의 분투한 그 모범을 배우고자 합니다."[63]

---

63) 안재도, 《50인 영성 인물사》 (서울: 쿰란출판사, 2020), pp. 123-124.

제5장

새벽기도 신학과
새벽기도 영성의 관계성

　　　　　새벽기도 신학과 새벽기도의 영성이라는 두 가지 관계 속에서, 한국 초대교회가 새벽에 교회당에 모여 새벽기도의 집회를 가졌을 때에 그들 나름대로 신학을 가졌다면, 그것이 바로 '새벽기도 신학'이라고 전제할 수 있다. 새벽기도의 신학은 한국 초대교회 새벽기도의 열심자 3인방인 최봉석(최권능) 목사, 주기철 목사, 조만식 장로의 생애와 사역을 통하여 만들어 놓은 전문적인 신학사상이 아닌 '보통스러운 기독교 신학'을 의미한다.

　이 신학은 책상 앞에 앉아서 "칼빈주의가 무엇인가?" "엄격한 정통 보수신학은 어떠한가?" "누가 칼빈을 잘 알고 있는가?" 그리고 "누가 위르겐 몰트만을 잘 평가하는가?"를 연구하고 경쟁하는 신학이 아니다.

'새벽기도의 영성'은 새벽기도 시간에 하나님을 향하여 자신을 되돌아보며 뉘우치고 회개하고, 하나님 앞에서 새롭게 헌신하고자 하는 영적인 결단과 그것을 실천에 옮기는 삶이라고 전제할 수 있다. 그리고 '새벽기도 문화'는 한국 초대교회의 새벽기도 열심자 3인방 최권능, 주기철, 조만식의 삶의 모범을 통하여 새벽에는 교회에서 기도하고, 낮에는 새벽기도의 영성으로 직장과 사회에서 하나님의 나라를 건설하는 일을 하는 문화를 의미한다.

오늘날 대한민국이 '한강의 기적'(Han River's Miracle)을 통하여 놀라운 경제적 부흥과 번영을 누리는 것은, 바로 새벽기도의 문화인들이 그들의 새벽기도 영성을 가지고 이룩한 성과이며 열매인 줄 확신한다. 한국 새벽기도 문화는 기독교 문화로서 바로 '기도 문화'이며, '일 문화'이다.[64]

한국 초대교회가 새벽기도회를 통하여 가졌던 신학사상으로서, 즉 새벽기도 신학의 역사적인 원형 또는 모델들을 고찰하면서 새벽기도 신학을 정립하고자 한다. 한국 초대교회의 새벽기도회는 3가지 특징적인 요소가 존재하고 있다.

---

64) 공동저자 박아론 박사는 1974년 한국 신학계에서 최초로 "새벽기도의 신학"을 발표하였고, 2021년 그의 영문 저술인 《한국 새벽기도 문화 이야기》(The Story of Korean Early Morning Prayer Culture)와 강의를 통하여 한국교회의 새벽기도 신학과 영성, 새벽기도 문화 이야기를 이론화하여 정립시켰다. 그리고 특기할 바는 박아론 박사의 최근 영문판 저술 속에서 새벽에는 기도하고 낮에는 일하는, 즉 '한국새벽기도문화'를 통하여 '한강의 기적'을 낳게 하였다는 사실을 지적하면서, 이것이 한국인을 비롯한 지구촌 디아스포라 한인 2세들과 많은 외국인들에게 널리 알려지게 되었고, '새벽기도 신학과 새벽기도 영성'이 역수출되고 있다.

"첫째는 새벽기도회 시간에 존재하는 '신비'의 체험을 통한 결과로써 강력한 기독교적 구원론에 입각한 '길거리 전도와 신학'이며, 둘째는 새벽기도회 시간에 존재하는 '고요'를 통한 결과로써 십자가의 그리스도를 명상하고, 죽기까지 사랑하고 옹호하는 '진리의 투쟁과 순교의 신학'이며, 셋째는 새벽기도회 시간에 존재하는 '생기'를 통한 결과로써 그리스도 안에서 새로운 피조물이 된 인간으로서 지상에 그리스도의 문화를 창조하고 하나님의 나라를 땀을 흘려 세우고자 하는 '기독교 문화 창조와 신국 건설 신학'이라고 할 수 있다."[65]

1. 신비(Mystery)

신비는 새벽기도회에 참석하는 자가 전지전능하시고 지존자이신 하나님 여호와의 거룩성 앞에 압도당하는 '죄인의 모습'이다. 이 죄인은 자기 자신의 모습을 발견하고 뉘우치며 깨닫고 '회개와 신앙'으로 하나님 앞에 헌신하며 바르게 살려고 몸부림치면서 결단하는 모습이다.

구약시대에 이사야 선지자는, "그때에 내가 말하되 화로다 나여 망하게 되었도다 나는 입술이 부정한 사람이요 나는 입술이 부정한 백성 중에 거주하면서 만군의 여호와이신 왕을 뵈었음이로다 하였더라 그때에 그 스랍 중의 하나가 부젓가락으로 제단에서 집은 바 핀 숯

---

65) 박아론, 《새벽기도의 신학》 (서울: 세종문화사, 1974), pp. 64-65.

을 손에 가지고 내게로 날아와서 그것을 내 입술에 대며 이르되 보라 이것이 네 입에 닿았으니 네 악이 제하여졌고 네 죄가 사하여졌느니라 하더라 내가 또 주의 목소리를 들으니 주께서 이르시되 내가 누구를 보내며 누가 우리를 위하여 갈꼬 하시니 그때에 내가 이르되 내가 여기 있나이다 나를 보내소서 하였더니"(사 6:5-8)라고 고백하였다.

새벽기도에서 가지는 '신비의 은총'은 기독교의 구원론적인 강력한 영적인 체험을 갖게 한다. 하나님 앞에 나 자신을 되돌아보며 진리의 말씀 앞에서 뉘우치고 깨닫고 회개하며 신앙의 사람이 되도록 만든다. 한국 스타일 새벽기도회의 참석자가 누리는 '신비의 은총'은 그를 새삼스럽게 '회심의 체험'으로 이끌어 준다.

개혁주의 전통에서 회심은 2가지 요소[66]를 가지고 있다.

1) 적극적인 요소: 신앙(Faith)[67]

이것은 영혼을 예수 그리스도에게 전환하게 만든다. 신앙에는 3가지 나름대로의 요소가 있다.

첫째, '지적인 요소'(intellectual element)는 하나님께서 인간의 타락과 예수 그리스도 안에 있는 구속에 대하여 말씀하신 모든 것이 진리라고 받아들이고 인식하는 것이다. 신앙 지식은 다른 어떤 지식보다 확실성이 결여되면 안 된다.

---

66) 박형룡,《교의신학: 구원론》(서울: 한국기독교교육연구원, 1977), pp. 207-209.
67) Louis Berkhof, *Systematic Theology* (Grand Rapid: W. M. B. Eerdmans Publishing Company, 1974), pp. 504-505.

하이델베르크 요리문답(Heidelberg Catechism)[68]에서 참된 지식이란 "하나님의 계시된 모든 말씀을 전적으로 믿는 확실한 지식"이라고 가르치고 있다. 인간은 자신이 버림받은 상태에 있음을 알 수 있고, 죄에 대한 하나님의 구원 계획을 알 수 있다(롬 10:13-17; 시 51:3-4). 그러므로 죄인인 인간이 진정한 크리스천이 되기를 원한다면 하나님의 구원 계획을 알아야 하고, 또한 인간이 구원받기 위해서는 반드시 예수 그리스도의 복음을 알아야 한다. 그 길은 오직 그리스도의 복음밖에 없다.

> "우리가 전에 말하였거니와 내가 지금 다시 말하노니 만일 누구든지 너희의 받은 것 외에 다른 복음을 전하면 저주를 받을지어다"(갈 1:9).

둘째, '감정적 요소'(emotional element)는 인간이 신앙의 대상인 예수 그리스도를 신앙으로 영접할 때에, 진리와 신앙 대상의 실재를 깊이 확신하고, 이것이 자신의 생활에서 주요한 욕구들을 충족시키는 것을 깨달으며, 신앙에 열렬한 관심을 가지는 것이다. 많은 사람들은 나이, 성별, 배경, 경험에 따라서 감정 표현 방법들이 각기 다르게 나타난다. 일반적으로 사람들은 기쁨은 소리를 지르며 펄쩍펄쩍 뛰면서 큰 소리로 감정의 반응을 나타낸다. 그러나 사람들은 감정의 격발에 따라서 구원을 받는 것이 아니라, 다만 회심하였을 때에 감정을 자극하게 된다. 사도 바울은 고린도 교회의 교인들에 대한 기

---

[68] The General Assembly the United Presbyterian Church in the United States of America, *The Book of Constitutions*, p. 4,021.

뻠의 감정을 이렇게 표시하였다.

> "내가 지금 기뻐함은 너희로 근심하게 한 까닭이 아니요 도리어 너희가 근심함으로 회개함에 이른 까닭이라 너희가 하나님의 뜻대로 근심하게 된 것은 우리에게서 아무 해도 받지 않게 하려 함이라 하나님의 뜻대로 하는 근심은 후회할 것이 없는 구원에 이르게 하는 회개를 이루는 것이요 세상 근심은 사망을 이루는 것이니라"(고후 7:9-10).

셋째, '의지적 요소'(volitional element)는 신앙의 대상인 예수 그리스도에게 신뢰를 가지는 것으로, '신앙의 최고 성분'이다. 이 요소는 인간이 예수 그리스도를 구세주와 주님으로서 인격적으로 신뢰하며, 허물이 많고 타락한 영혼들이 그리스도에게로 복종하고, 그리스도를 용서와 영적 생활의 근원으로 받아들이는 삶이다. 신앙은 '지성의 문제' 혹은 '감정 문제'라고 할 수도 있으나 오히려 무엇보다도 영혼의 방향을 결정하는 '의지의 문제'이다. 그래서 존 머레이(John Murray)는 이렇게 고백한다.

> "신앙은 하나님의 아들이시며 타락자들의 구세주이신 그리스도의 인격을 신뢰하는 것이다. 이것은 우리 자신을 그리스도에게 맡기는 것이다."[69]

---

69) John Murray, *Redemption Accomplished and Applied* (Grand Rapids, WM. B. Eerdmans Publishing Company, 1961), p. 138.

2) 소극적 요소: 회개(Repentance)

이것은 영혼이 죄악에서 멀어져 돌아서는 것이다. 회개도 신앙과 마찬가지로 나름대로 3가지 요소가 있다.[70]

첫째, '지적인 요소'는 자기 자신의 죄책과 오욕, 무능을 포함하는 죄의 인식이다. 이 요소는 로마서 3장 20절에서 '죄를 깨달음'(knowledge of sin)으로 표현하였다. 만약 이 요소들이 수반되지 않는다면 인간은 자신의 죄에 대하여 미워함이 없고, 다만 죄의 형벌에 대한 두려움으로만 나타날 것이다.

둘째, '감정적 요소'는 죄에 대한 감정의 변화이다. 즉, 거룩하고 공의로우신 하나님에게 지은 죄를 애통하게 여긴다. 이 요소에 의지적 요소가 수반이 된다면 '하나님의 뜻대로 하는 근심'(godly sorrow)이 되지만, 의지적 요소가 수반되지 않을 경우에는 '세상 근심'(sorrow of world)으로 나타나서, 인간을 절망하고 한탄하게 만든다.

셋째, '의지적 요소'는 내적으로 죄에서 멀어지며 용서와 정결을 구하려는 성향이다. 이 요소는 다른 두 요소를 포함하고 있으며, 회개에서 가장 중요한 요소이다. 성경에서 '회개'(repentance)란 말로 표현되고 있다.

"네가 하나님의 인자하심이 너를 인도하여 회개하게 하심을 알지 못

---

70) Berkhof, *op. cit.*, p. 486.

하여 그의 인자하심과 용납하심과 길이 참으심이 풍성함을 멸시하느냐"(롬 2:4).

그러므로 '회심'은 인간을 향한 하나님의 섭리와 절대 주권과 예수 그리스도의 보혈의 은총으로 구원 계획을 이루시는 과정 가운데 하나이다. 회심은 적극적인 요소인 '신앙'과 소극적인 요소인 '회개'를 통하여 옛사람의 죄와 허물을 벗어 버리고 새로운 피조물로 변화된 그리스도인의 모습이 된다. 오직 하나님께만 영광을 돌리며, 그의 전 생애가 예수 그리스도의 복음을 위하여 헌신하고 거룩한 삶을 살도록 변화시키는 것이다.

위와 같은 근거 속에서 '신비'에 대하여 요약하면, 한국 특유의 새벽기도회에 존재하는 신비는 새벽기도회의 인도자와 참석자들로 하여금 성령의 역사함으로 말미암아, 기도와 묵상 중에 하나님의 거룩하심 앞에 압도당하여 자신들이 죄인임을 깨닫고 뉘우치고 쓰러지는 모습이다.

그리고 그 결과로써 그들이 쓰러졌던 상태에서 일어나 회심과 신앙으로 하나님 앞에 헌신하면서 하나님의 부르심(소명)을 따라서 올바르게 살 것을 결단하는 모습이다. 그런데 이와 같이 하나님 앞에서 헌신하는 올바른 삶을 살 것을 결단하는 순간에는, 하나님의 나라 건설에 있어서 필수적인 예수 그리스도의 복음 전파의 부르심이 있는 것이다. 따라서 한국식 새벽기도회의 참석자들에게는 성령께서 역사하심을 전제하여, 그리스도의 구원의 복음 전파자로서의 부르심과 능력이 주어지는 것이다.

2. 고요(Tranquility)

'고요'는 새벽기도회를 통하여 예수 그리스도의 십자가를 바라보며 대속의 '십자가의 사랑과 은총'을 묵상 체험하는 것이다.

> "내가 그리스도와 함께 십자가에 못 박혔나니 그런즉 이제는 내가 사는 것이 아니요 오직 내 안에 그리스도께서 사시는 것이라 이제 내가 육체 가운데 사는 것은 나를 사랑하사 나를 위하여 자기 자신을 버리신 하나님의 아들을 믿는 믿음 안에서 사는 것이라"(갈 2:20).

그리고 고요 속에서 주님을 찾는 시간은 '나 같은 죄인을' 구속하신 예수 그리스도의 십자가의 놀라운 사랑과 은혜를 묵상하면서 주님과 일체감을 느끼는 시간이다.

> "나 같은 죄인 살리신 주 은혜 놀라워
> 잃었던 생명 찾았고 광명을 얻었네…
> 거기서 우리 영원히 주님의 은혜로
> 해처럼 밝게 살면서 주 찬양하리라"(찬송가 305장).
> 할렐루야 아멘!

그러므로 한국교회의 새벽기도 시간에 가지는 '고요의 은총'은 바로 예수 그리스도의 십자가를 통하여 갖는 '그리스도와의 신비적 연합'이다. 칼빈의 경건 영성에 있어서 예수 그리스도와의 신비적 연합은 중요한 핵심이다. 그래서 개혁주의 영성은 예수 그리스도의 신비적 연합에 초점을 맞추어 왔다. 그렇다면 크리스천이 가지는 예수 그리스도와의 신비적인 연합은 무엇인가?

1) 첫째, 인간은 '그리스도와의 접붙임'을 통하여 그리스도와 하나의 실체가 된다.[71]

이 점에 대하여 요셉 리처드(Joseph Richard)는, "그리스도와의 교제, 즉 그리스도에 접목됨은 하나님이 인간에게 주시는 은혜를 받는 데 없어서는 안 될 조건이다. 그리고 그리스도에게 접붙임 없이는 하나님과의 연합이란 있을 수 없다"[72]라고 하였다.

칼빈도 그리스도와의 연합에 대하여 그의 《기독교 강요》에서 4가지 방법을 제시하였다. 그는 아버지에게서 받으신 것을 우리에게 나눠 주시기 위해서, 그가 우리의 것이 되며 우리 안에 계셔야 한다. 그러므로 그를 '우리의 머리'(엡 4:15), '많은 형제 중에서 맏아들'(롬 8:29)이라고 하였다. 또 우리 편에서는 '그에게 접붙임'을 받으며(롬 11:17), '그리스도로 옷 입는다'고 하였다.[73]

그는 계속하여 설명하기를, "그리스도께서는 그를 '머리'로 모신

---

71) Calvin, *Institutes*, III. 1. 3, p. 12.
72) Joseph Richard, *op. cit.*, p. 108.
73) Calvin, *Institutes*, III. I. 1, p. 537.

사람들에게만 유익을 주신다는 것을 우리는 알고 있다. 그리스도께서 '맏아들이 되시는' 많은 형제들, '그리스도로 옷 입은' 사람들만이 그의 은혜를 누린다. 이와 같은 연합이 있어야만 적어도 우리의 입장에서 구세주라는 이름으로 그리스도께서 오신 것이 무익하지 않았다는 것을 보장할 수 있다. 우리가 그의 살 중에 살이 되며 그의 뼈 중에 뼈가 되어 그와 하나가 되는 저 거룩한 결혼과 같은 결과를 가져온다. 그러나 그리스도께서는 성령으로만 우리와 결합하신다. 같은 영의 은혜와 힘에 의해서 우리는 그리스도의 지체가 되며, 그리스도께서도 우리를 그의 아래 두시며, 우리는 그리스도를 소유하게 된다"[74]라고 하였다.

여기에서 칼빈은 그리스도와의 신비적 연합을 머리와 지체들의 결합으로 보았으며, 신비적인 관계를 본질적으로 인간들의 결혼과 전혀 다른 그리스도와 인간들의 신령한 결혼의 연합관계로 보았다. 그 이유는, 이 연합은 오직 성령의 역사로 말미암아 이루어지기 때문이다.

2) 둘째, '그리스도와의 신비적 연합'은 전체적이다. 즉, 인간의 영혼과 육신의 전체까지 영향을 끼친다.

신비적 연합에 대한 칼빈의 성화론적 이해는 로마서 주석을 통하여 발견할 수 있다. 그는 "비록 죄가 우리 안에 거하여 존재하고 있기는 하지만, 성화의 힘이 그 죄보다 우세하고 그것을 넘어서서 드러

---

74) Calvin, *Institutes*, III. I. 3, p. 540.

나는 까닭에 더 이상 죄가 규칙적으로 우리를 지배하지는 못할 것이다. 그러므로 우리의 생활은 그리스도의 참된 몸임을 증거할 것이다"[75]라고 하였다.

칼빈은 고린도전서 6장 15절에서, "우리는 우리가 그리스도와 영적으로 결합한 것이 오직 영적인 문제에 한한 것이 아니라, 육신적으로 관계되는 것이라는 사실에 주의하여야 한다. 그러므로 우리는 그 몸의 지체인 것이다(엡 5:30). 만일 그리스도에 대한 우리의 결합이 완전하고 전적으로 육신적인 것이 아니라고 한다면, 우리의 부활의 소망은 희미할 수밖에 없을 것이다"[76]라고 말하였다.

이 점에 있어서 루이스 벌코프(Louis Berkhof)도 같은 입장을 취하였다. "성화는 인간 전체, 즉 몸과 영혼, 지성과 감성과 의지 전체에 영향을 주며, 그 영혼의 모든 능력 혹은 모든 기능인 오성, 의지, 감정, 양심에 영향을 준다"[77]라고 하였다. 그는 계속하여 성화의 효능을 2가지로 말하였다.[78]

첫째, 소극적으로 인간의 죄악된 요소들을 제거하는 행위이다. 이것은 인간의 죄로 인하여 인간 본성의 부패와 타락이 점진적으로 제거되는 것으로써, 즉 죄의 지배를 받고 있는 옛사람의 본성이 십

---

75) John Calvin, *Commentaries on the Epistles of Paul the Apostle to Romans* (Grand Rapids: Baker Book House, 1979), p. 230.
76) John Calvin, *Commentary on the Epistles of Paul the Apostle to the Corinthians* (Grand Rapids: Baker Book House, 1979), p. 217.
77) Berkhof, *op. cit.*, pp. 534-535.
78) *Ibid.*

자가에 못 박히는 것으로 표현되었다.

"우리가 알거니와 우리 옛사람이 예수와 함께 십자가에 못 박힌 것은 죄의 몸이 죽어 다시는 우리가 죄에게 종노릇 하지 아니하려 함이니"(롬 6:6).

"그리스도 예수의 사람들은 육체와 함께 그 정욕과 탐심을 십자가에 못 박았느니라"(갈 5:24).

둘째, 적극적으로 그리스도 예수 안에서 선을 위하여 창조된 새 사람이다. 이것은 죄의 옛 구조가 파괴되고 점진적으로 거룩한 성향이 강화되며 거룩의 실천들이 증대되는 행위이다. 옛것이 점진적으로 해체됨에 따라 새것이 모습을 드러낸다. 이는 유독가스로 가득 채워진 집을 환기시키면서 옛 공기가 빠져나가고 새로운 공기가 들어오는 것과 같다.

이러한 적극적인 측면에서 사도 바울은, "그리스도를 죽은 자 가운데서 살리심과 같이 우리로 또한 새 생명 가운데서 행하게 하려 함이라"(롬 6:4)와 "내가 율법으로 말미암아 율법에 대하여 죽었나니 이는 하나님에 대하여 살려 함이라"(갈 2:19)는 말씀처럼, 새로운 삶으로 하나님을 향하여 사는 것이라고 하였다.

3) 셋째, '그리스도와의 신비적 연합'은 성령에 의해서 이루어진다.

본래 인간은 거룩하지 않으나 성령은 인간을 하나님께로 인도할 뿐만 아니라, 그에게 복종하게 만들고 준비시키신다.

칼빈도 학개서 주석에서 다음과 같이 주해하였다.

"보이지 않는 성령의 작용에 의하여 형성된 사람 외에는 누구도 하나님께 제물을 바치며 그 밖의 다른 봉사를 드릴 수 없다. 정말 기꺼이 우리는 우리 자신의 모든 것 안에서 우리 자신을 하나님께 드리며 그의 성전을 세운다. 하지만 주님이 우리를 굴복시키며, 우리를 배울 수 있게 그리고 복종하게 하는 것 외에 무슨 다른 설명이 필요하겠는가?"[79]

그래서 그리스도와의 신비적 연합은 어떤 인간적인 연합이나 도덕적인 결합에 의하여 결코 이루어질 수가 없다. 하늘에 계시는 그리스도와 땅에 있는 인간들 간의 연합은 본질상 인간적으로 생각할 수 없는 신비스러운 일이기 때문이다. 오직 성령만이 하늘에 있는 것들과 땅에 있는 것들을 결합시키실 수 있다.[80]

이처럼 칼빈도 그리스도와의 신비적 연합에 있어서 성령의 역할을 크게 강조하였다. 그는, "그리스도께서 우리를 자신에게 효과적으로 연결시키는 띠는 성령이다"[81]라고 말하였다. 이러한 관점에서, 그

---

79) John Calvin, *Commentaries on the Twelve Minor Prophets* (Grand Rapids: Baker Book House, 1979), pp. 345-346. Joseph Richard, *The Spirituality of John Calvin*, p. 154.
80) Ronald S. Wallace, *Calvin's Doctrine of the Christian Life* (Edinburgh and London: Oliver and Bayd, 1959), pp. 19-20.
81) Calvin, *Institutes*, III. I.1, p. 537.

리스도의 은혜를 인하여 성령으로부터 받는 믿음은 우리를 그리스도와 연합하는 신령한 띠가 될 것이다. 아울러 그리스도와의 신비적 연합은 믿음과 성령의 역사에 의하여 주어진 영적인 크신 축복이다.

이 점에 대하여 칼빈은 이렇게 언급하였다.

"주님께서는 성령으로 우리에게 그의 영혼과 몸과 영이 하나 되게 하는 축복을 베푸셨다. 그러므로 이 연결의 줄은 그와 우리를 결합시키는 그리스도의 영이며, 그것은 그리스도의 모든 것을 우리에게 주시는 일종의 통로이다."[82]

이와 반대로, 만약 우리의 믿음이 성령으로부터 멀어진다면 역시 그리스도와의 연합도 멀어질 수밖에 없다. 이 점에서 칼빈은 또 이렇게 언급하였다.

"우리의 믿음이 성령께 집중되기까지는 그리스도에 대해서도 우리는 그분을 냉정하게 바라보며 우리의 밖에 계신 분으로, 아니 우리에게서 멀리 있는 분으로 보기 때문에, 결국 그는 아무 일도 하시지 않는 분이 되고 만다."[83]

더 나아가서, 그리스도인들은 일평생 동안 성령을 의지해야 한다.

---

82) Calvin, *Institutes*, IV. XVII. 12, p. 1373.
83) Calvin, *Institutes*, III. I. 3, p. 541.

왜냐하면 성령께서 우리 마음속에 여전히 남아 있는 죄악들과 더불어 싸워서 승리할 수 있도록 친히 도와주시기 때문이다. 칼빈은 우리를 성화시키는 성령의 역할에 대하여 두 가지로 말하였다. "첫째, 성령은 우리를 성화시키기 위해서 우리에게 파견되셨다. 그래서 성령은 우리의 부정과 불결을 씻어 버리시고 우리를, 하나님의 의에 복종시키신다. 이와 같은 순종이 성립되려면 사람들이 고삐를 늦추려고 하는 그 육욕을 먼저 누르고 굴복시켜야 한다. 둘째, 우리는 성령에 의하여 성화되지만, 육신을 입고 있는 동안 많은 죄와 무기력에 둘러싸여 있다. 그래서 완전과 아주 먼 우리는 꾸준히 계속해서 전진해야 하며, 죄 속에 있으나 매일 그 죄와 싸워야 한다"[84]라고 하였다.

이렇듯 칼빈이 주장하는 '경건 영성'에 있어서, 예수 그리스도와의 신비적 연합은 그의 경건 영성 가운데 가장 핵심적인 부분이다. 그리고 그의 영성의 원동력은 역동적인 성화론과 연합론의 위치를 더욱더 강화시켜 주고 있다. 이에 따라서 개혁주의 영성의 초점도 역시 예수 그리스도와의 신비적 연합에 맞추어져야 한다. 그리고 그리스도인들의 삶도 예수 그리스도 안에서 성령의 역사로 새롭게 창조된 새사람의 모습이 되어서 하나님께로 나아가야 한다.

그러므로 한국 특유의 새벽기도의 영성은 한국식 새벽기도회 인도자와 참석자들로 하여금, 우리 주 예수 그리스도와의 '신비로운 연합'을 통하여 개인의 삶에 있어서, 그리고 교회적으로나 사회 국가적

---

84) Calvin, *Institutes*, III. III. 14, p. 607.

으로 새 창조의 역사를 이루어 나가는 것이다. 물론 여기에서는, 새벽기도회의 인도자와 참석자들이 고요한 아침 시간에 하나님께 기도하고 그리스도를 묵상할 때에, 성령의 강력한 역사로 새벽기도의 영성이 주어짐이 전제되어야 할 것이다.

그리고 이렇게 새벽기도회를 통하여 주어지는 새벽기도의 영성은, 바로 한국식 새벽기도회 참석자들로 하여금 하나님 나라의 건설에 또 다른 필수적인 사역인 '진리 투쟁', 즉 '믿음의 선한 싸움'(딤후 4:7)으로 이끌어 준다.

3. 생기(Vitality)

'생기'는 새벽기도회의 시간에 성령의 역사로 이루어지는 영육 간의 '생명력과 영적 에너지'이다. 새벽예배 혹은 새벽기도회는 새벽이란 환경과 분위기 속에서 모이고 열린다는 점을 고려할 때에 먼저 환경적인 분위기가 주는 '생기발랄함'을 말하지 않을 수 없다. 새벽이라는 시간 자체는 얼마나 신선하고 활기가 넘치는 시간인가? 그리고 이 시간은 우리가 새벽예배 시간 혹은 새벽기도회 시간에 하나님의 성령의 역사함을 전제한다면, 그 시간은 환경적 분위기 또는 육체적 컨디션(condition)이 만들어 주는 육체적인 힘과 에너지뿐만 아니라 성령의 역사로 말미암아 공급되는 영적인 신령한 힘과 영적 에너지가 충만하게 됨을 체험하게 된다.

그래서 한국식 새벽예배와 새벽기도회를 통하여 영육 간의 생명력 또는 생기가 충만함을 체험하게 된다. 그리고 이로 인하여 예수 그리스도 안에서 새로운 피조물로 재창조되는 것이다. 새로운 피조물은 누구든지 예수 그리스도의 죽음을 자신의 죽음으로 받아들이고, 예수 그리스도와 영적인 신령한 연합을 이루는 것이다.

"그러므로 우리가 이제부터는 어떤 사람도 육신을 따라 알지 아니하노라 비록 우리가 그리스도도 육신을 따라 알았으나 이제부터는 그같이 알지 아니하노라 그런즉 누구든지 그리스도 안에 있으면 새로운 피조물이라 이전 것은 지나갔으니 보라 새것이 되었도다"(고후 5:16-17).

'새로운 피조물'(the new creation)이 된다는 것은 새로운 새사람(the new man)이 된다는 것이다. 리델보스(Herman Ridderbos)는 말하기를, "그리스도와 함께 죽는다는 것은 또한 옛사람이 그리스도와 함께 십자가에 못 박힌다는 것을 의미한다. 그리고 성령 안에 있다는 것은 새사람, 즉 영적인 사람을 덧입음을 포함한다는 것이다"[85]라고 설명하였다.

여기에서 중요한 사실은, 그리스도 안에서 새로운 피조물이 되어 살 것을 결단하고 그와 같은 삶을 실천한다는 것은 그리스도를 위하여, 그리고 그의 나라를 위하여 땀 흘려 일한다는 뜻이 포함되어 있다. 왜냐하면 성경이 가르치고 사도 바울이 가르치는 기독교적인

---

85) Herman Ridderbos, *PAUL: An Outline of His Theology* (Grand Rapids: WM. B. Eerdmans Publishing Company, 1982), p. 223.

삶은 "얼굴에 땀을 흘려야 먹을 것을 먹으리니"(창 3:19), "조용히 일하여 자기 양식을 먹으라"(살후 3:12)는 말씀에 순종하는 삶이기 때문이다.

따라서 한국식 새벽기도회의 모범적인 열심자 3인방 중 세 번째 인물인 조만식 장로는, 새벽기도회 시간에 경험한 생명력 있고 활기찬 생기가 그에게 공급되어 왕성한 힘과 에너지를 가지고 일제강점기에도 '경신·근로·애국의 삶'[86]을 강력하게 살아갈 수 있었다.

이처럼 새벽기도회를 통하여 나타난 새벽기도 신학의 역사적인 유형들 가운데는 3가지 특징적인 요소[87]가 있다. 즉, 신비와 고요와 생기이다. '신비'는 기독교적 구원론에 입각하도록 하여 '전도의 신학'으로, '고요'는 예수 그리스도의 십자가의 사랑과 연합하여 진리(그리스도)를 위해 죽기까지 헌신하고 충성하겠다는 '순교의 신학'으로, 그리고 '생기'는 예수 그리스도 안에서 옛사람은 십자가에서 죽고 성령 안에서 새사람이 되어, 하나님의 성령의 사역을 힘입어 삼천리 금수강산을 하나님 나라에 속한 '신국 건설의 신학'으로 발전시켜 구현해야 할 것이다. 할렐루야 아멘.

위와 같은 3가지 유형의 신학은 새벽기도회를 통하여 우리가 발굴하고 정립한 신학사상으로서, '새벽기도의 신학'과 '새벽기도 영성'

---

86) 박아론, 《새벽기도 이야기》 (서울: 기독교문서선교회, 2010), p. 190.
87) 박아론, 《새벽기도의 신학》, pp. 64-65; 《새벽기도 이야기》, pp. 94-96.

의 상호 관계성 안에 하나로 묶어 둘 것이다. 그리고 전도의 신학을 '예수천당 신학'으로, 순교의 신학을 '일사각오 신학'으로, 신국 건설의 신학을 '삼천리반도 금수강산 신학'으로 각각 명명하며[88] 고찰함이 옳은 줄로 생각한다.

---

88) *Ibid*.

제6장

한국 새벽기도회 열심자 최봉석 목사의 신학과 영성(예수천당 신학/복음전도 영성)

1. 최봉석 목사의 영성과 삶[89]

최봉석 목사(1869-1944)는 평양에서 태어났다. 그는 6세 때부터 서당에서 한학을 배웠으며, 33세 때에 한의사이며 평안북도 삭주교회의 설립자 백유계를 통하여 전도를 받았다. 이후 미국 선교사 노블(W. A. Noble)에게 세례를 받고 기독교 교인이 되었다. 그는 삭주교회에서 집사와 영수로 섬기다가 평양장로회 신학교에 들어가 졸업을 하고 목사가 되었다. 최봉석 목사는 널리 알려진 대로 평양 시내의

---
89) 안재도, 《50인 영성 인물사》, pp. 125-129.

전도인이며, 한국교회의 순교자이며, 그의 별명은 '최권능'이라고 불린다.

1) 다혈질

최봉석 목사의 첫 번째 영성은 '다혈질'(plethora)이다. 최봉석은 어렸을 때부터 총명하고 민첩한 천성을 가지고 있었다. 그는 괄괄하고 급하고 직선적이고 조금도 참지 못하는 급한 성격의 소유자였다. 골목대장이 되어서 동네 조무래기들을 이끌고 여기저기 다니면서 짓궂은 일도 많이 저질렀다. 어느 날, 동네 철부지 아이들이 어느 집 담장에 주렁주렁 달린 호박 위에 말뚝을 박은 일이 있었다. 호박 주인이 동네 조무래기들을 모조리 잡아다가 호통을 치고 있을 때에 골목대장 최봉석이 나타나서, "할아버지, 제가 한 일입니다. 저 아이들을 한 번만 용서해 주세요!" 하면서 간절히 애원하여 동네 아이들을 구출하는 의리도 보였다.

16세 때에 청년 최봉석은 평안 감사 민병석의 비서가 되었다. 그때 아버지 최준서와 조선시대에 종 6품으로서 외교직 문관인 민영휘 현감과의 사이에 곡식의 세금 문제로 아버지가 현감에게 욕설과 힐난을 당하는 광경을 보고, 아들 최봉석은 현감에게 찾아가 현감을 발길로 걷어차서 땅 아래로 떨어뜨리는 대사건을 일으켰다. 그러나 다행스럽게도 최봉석은 평안 감사의 도움으로 큰 형벌을 면하게 되었다.

이러한 가운데 청년 최봉석은 평안 감사의 밑에 있는 감찰직을 수행하다가 국고금 3만 냥을 횡령하여 삭주 지방으로 유배를 가서 그곳에서 허랑방탕하게 세월을 보냈다. 그때 한의사 백유계를 만나서 예수를 믿고 세례를 받고 기독교로 입교하였다. 그런데 놀라운 사실은 그때부터 청년 최봉석의 다혈질 성격이 차츰 예수님의 마음과 인격으로 변하기 시작하였다.

2) 예수 천당

최봉석 목사의 두 번째 영성은 '예수 천당!'(Jesus Heaven!)이다. 한국 기독교 역사에서는 최봉석 목사를 향하여 '최권능 목사' 혹은 '예수 천당!'이라고 부른다. 청년 최봉석은 삭주교회에서 처음으로 신앙생활을 할 때에 평신도로부터 시작하여 서리집사를 거쳐 영수 자리에 오르기까지 매일 전도만 하였다. 상투를 자르고 머리를 박박 깎고 예수에서 완전히 미쳐서 산간 마을을 찾아다니면서 열심히 복음을 전파하며 "예수 천당!"을 외쳤다.

어느 날, 청년 최봉석은 어느 동네에서 빛나는 비단옷을 입고 머리에 3층 관을 쓰고 긴 담뱃대를 입에 물고 오는 50대 양반을 향하여 "예수 믿고 천당 갑시다!" 하고 힘껏 외쳤다. 그때 갑작스러운 고함소리에 망아지가 놀라 뛰자 연자방아가 우당탕! 하면서 엎어졌다. 그때 그 양반이 "예수 천당!" 고함소리가 마음에 거슬려 며칠 동안 잠을 자지 못하여 "예수 천당!"의 주인공을 찾아가 전도를 받고 예수를 믿었다는 일화도 있다.

40세 때 청년 최봉석은 평양신학교에 입학하였다. 그는 공부하는 일보다는 전도하는 일에 열심을 다하였다. 시험기간에도 공부를 하지 않고 낮에는 평양 시내에 나가서 전도하고, 밤에는 교회와 산에서 기도만 하였다. 그리하여 그는 2년씩이나 졸업장을 받지 못하였고, 3년째 되던 해에도 역시 졸업생 명단에서 이름이 빠졌다. 그래서 그는 신학교 교무실에 찾아가 교장 마포삼열 박사와 여러 교수들 앞에서, "여쭐 말씀이 있어서 왔습니다"라고 하니, "어서 말씀을 해보십시오"라고 하였다. 최봉석은 "먼저 교수님들과 함께 기도합시다!" 하고 기도를 시작하였다.

"하나님 아버지! 이 못난 자식이 예수를 믿게 된 것 감사하고, 신학교 공부하게 하심도 감사드립니다. 그런데 저는 기도하고 전도하느라 3년째 낙방이 되어 졸업을 못하게 되었습니다. 저는 빨리 목사가 되어 주님의 복음을 더 많이 전하고 싶습니다. 교수들의 마음을 감동 감화시켜 목사가 될 수 있도록 길을 열어 주시옵소서! 예수님의 이름으로 간절히 기도하옵나이다. 아멘."

기도를 마친 후 최봉석 신학생은, "교장 선생님, 교수님들! 졸업을 하게 되어서 감사합니다"라고 말하였다. 그때 교장은, "우리는 졸업장을 주겠다고 약속한 일이 없습니다." "교장 선생님, 어찌 이렇게 믿음 없는 말씀을 하십니까? 기도할 때에 구하는 것을 이미 받은 줄로 믿는 것이 기도의 바른 자세가 아닙니까? 그리고 '아멘!'이라고 하지 않았습니까?" 결과적으로 교장 마포삼열은 다른 교수들과 상의하고 설득하여 신학생 최봉석에게 졸업장을 주기로 결정하였다. 그리하여 그는 1913년 44세 때에 졸업을 하고 평북노회에서 목사 안수를 받았다.

이후 한국교회의 역사는 말하기를, "조선에서 최권능 목사라 하면 아는 이가 많지만 최봉석이라고 하면 아는 사람이 많지 않다. 최봉석이 곧 최권능 목사요, 27년 전도생활로 73개 교회를 건축하고, 70개 교회의 아버지이다"라고 평가하고 극찬하였다.

최봉석 목사는 일본 신사참배를 거부하다가 평양형무소에 수감되어 옥중에서 투쟁하면서도 "예수 천당!"을 외쳤다. 그는 심한 고문으로 몸이 쇠약해진 가운데 3·1절 기념 40일 금식기도를 마치고 1944년 4월 15일 75세 나이로 가족과 산정현교회 교인들이 지켜보는 가운데 "하늘에서 전보가 왔구나. 나를 오라 하신다"라고 말하면서 "고생과 수고가 다 지나간 후 광명한 천국에 편히 쉴 때 주님을 모시고 나 살리니"라는 찬송을 부르며 얼굴에 웃음을 띠고 조용히 눈을 감았다.

2. 최봉석 목사의 예수천당 신학

한국 초대교회의 새벽기도 열심자 3인방 중 한 사람인 최봉석 목사의 영성은 '오직 예수천당'(Yes, Jesus-Heaven)이며, 그의 신학은 '예수천당의 신학: 복음전도'이다. 이것은 새벽기도 시간에 존재하는 '신비'(mystery) 체험을 통한 결과로써, 강력한 기독교적 구원론에 입각한 '전도의 신학'이다.

최봉석 목사의 예수 천당 외침은 새벽기도회로 시작하여 1년

365일 날마다 주야로 가는 곳곳마다 기독교 구원론적인 영혼의 몸부림이었다. 최봉석 목사의 메시지는 너무나 간단하고 명료하였다. 예수를 믿으면 천당 가고, 예수를 믿지 아니하면 지옥 간다, "예수 천당! 불신 지옥!"이다. 정말 이것은 기독교의 가장 기본적인 교리이다.

"주 예수를 믿으라 그리하면 너와 네 집이 구원을 받으리라"(행 16:31).

"나 곧 나는 여호와라 나 외에 구원자가 없느니라"(사 43:11).

반면에 최봉석 목사는 신학교에서 신학공부를 열심히 잘하지 못하였고, 다년간 낙제생이었으며, 졸업장도 3년 뒤에 기도의 힘으로 받았다. 그래서 최봉석 목사가 무슨 신학이 있는가? 하며 반문한다. 최봉석 목사가 비록 신학공부를 잘하지 못하였지만 "예수 천당!" 부르짖음의 생애가 바로 그의 산 신학이었다고 말할 수 있다. 그리고 최봉석 목사는 평양 장로회신학교에서 정통 보수주의 신학의 교육을 받고 졸업한 후 날마다 새벽기도의 영성을 가지고 전국 방방곡곡을 다니며 수많은 영혼을 깨우치며 개척교회를 세웠다. 한국 초대교회의 많은 교역자들은 최봉석 목사의 '예수천당 신학'을 그들의 신학과 삶의 중요한 원리로 삼고 실천하였다.

오늘날 현대교회와 크리스천들은 "최봉석 목사의 예수천당 신학이 무슨 신학인가? 이것은 현대 사상과 문화와는 거리가 먼, 부엉이 우는 두메산골의 편협한 근본주의적 성격의 신학이다. 그리고 현대 한국교회의 이미지를 추락시키는 '무식자의 신학' 혹은 '현세 부정의 신학'이라"고 비평하는 자들도 있을 것이다.

그러나 요한복음 3장 16절의 "하나님이 세상을 이처럼 사랑하사 독생자를 주셨으니 이는 그를 믿는 자마다 멸망하지 않고 영생을 얻게 하려 하심이라"와 마태복음 4장 17절의 "이때부터 예수께서 비로소 천국을 전파하여 이르시되 회개하라 천국이 가까이 왔느니라"는 말씀이 예수 그리스도의 복음의 핵심이라고 생각한다면, 최봉석 목사의 예수천당 신학은 예수 그리스도의 복음을 찌르고, 그것을 능력으로 나타내게 한 신학일 것이다.

그러므로 최봉석 목사의 예수천당 신학은 부엉이 우는 두메산골의 문화적으로 뒤처진 신학이요, 무식자의 신학이요, 현세를 부정하는 미신적인 신학이 아니라, 예수 그리스도의 복음을 전파하여 영혼을 구원시키는 능력을 가진 신학으로써의 보편성을 확실하게 과시한다. 여기에서 공동저자가 말하는 신학의 보편성은 그것이 이론적이고 학설적인 신학이라기보다는 대중 접근적이며 민속적인 신학이라는 것을 뜻한다. 최봉석 목사의 예수천당 신학은 광야에서 "회개하라 천국이 가까이 왔느니라"(마 3:2)고 외치던 세례 요한의 음성과 같이 오늘날 영적인 잠을 자고 있는 영혼을 깨우는 음성과 같은 것이었다.

1) 뚜렷한 천당 지옥관

최봉석 목사의 예수천당 신학의 첫 번째 사상은 '뚜렷한 천당 지옥관'(clear Heaven and Hell)이다.

(1) 최봉석 목사의 뚜렷한 천당 지옥관은 예수천당 신학의 뿌리이며, 그의 생애에 영적 추진력이 되었다.

새벽기도의 영성을 가진 최봉석 목사는 일평생 동안 매일 새벽기도를 열심히 하며 새벽기도의 생활화에 모범이 되었다. 그는 매일 새벽 4시에 일어나서 새벽기도를 드렸을 뿐만 아니라, 어두움을 찢는 듯한 "예수 천당!"의 외침은 새벽기도회에 참석하기 위하여 교회당으로 가는 새벽의 성도들에게 발걸음을 재촉하게 하는 영적인 추진력이 되었다.

그리고 길선주 목사가 최초의 첫 새벽기도회를 시작한 이후, 100년이 훨씬 넘도록 춘하추동 1년 365일 동안, 한국 초대교회부터 시작하여 오늘날 현대 한국교회와 성도들이 참여하는 새벽기도회는 그들의 생애와 삶에 영적인 추진력이 되었고, 전도의 불길이 되었다.

한국 복음주의 교회가 365일 매일 가지는 새벽기도회의 시간에 나타나는 '신비'[90]의 은혜는, 독일 루터교 신학자 루돌프 오토(Rudolf Otto)[91]의 명저 《성, 거룩함》(Das Heilige)에서 말하기를 "압도적인 거룩함"을 체험하게 한다. 기독교의 본질은 교회법이나 제도, 운영과 외적 성장보

---

90) 박아론, 《새벽기도 이야기》, pp. 105-106.
91) 루돌프 오토(Rudolf Otto, 1869-1937)는 독일 루터교 신학자이며, 철학자이고, 진보적 사상가이다. 그의 저서 《The Idea of the Holy》에서 거룩한 개념은 초자연적인 신비, 즉 뉴미너스(numinous) 개념이다. 이것은 인간의 이성을 뛰어넘는 자아 밖으로부터 오는 거룩한 감동을 가리킨다. 그는 세계 신학과 개신교 교회에 지대한 영향을 미쳤고, 특별히 칼 바르트(Karl Barth)에게 영향을 끼쳤다.

다도 예수 그리스도의 마음과 하나님과의 영적 체험으로 말미암은 하나님과의 신령한 연합이다. 이것이 바로 거룩한 개념, 즉 뉴미너스(numinous, 초자연적인 신비)이다.

이것은 구약시대 이사야 선지자가 여호와 하나님의 인격적인 실존 앞에서 부르짖는 외침과 같다. "그때에 내가 말하되 화로다 나여 망하게 되었도다 나는 입술이 부정한 사람이요 나는 입술이 부정한 백성 중에 거주하면서 만군의 여호와이신 왕을 뵈었음이로다 하였더라"(사 6:5). 그리고 더 나아가서 이사야 선지자가 하나님께로부터 사죄의 음성을 듣고 "내가 여기 있나이다 나를 보내소서"(사 6:8)라고 감격의 서원을 하도록 하였다.

종교개혁자 존 칼빈(John Calvin)은 그의 불후의 명저 《기독교 강요》 서두에서 "하나님 앞에 전율하는 인간상,"[92] 즉 죄인된 인간은 하나님 여호와의 전능하심과 의로우심, 능력과 지혜 앞에 엎드려 우러러볼 때에 인간의 모습이 너무나 초라하고 죄투성이인 자신을 향하여 슬퍼하고 괴로워하는 것이다. 여호와 하나님 앞에 연약한 인간이었던 삼손의 아버지 마노아(Manoah)처럼, '우리가 하나님을 보았으니 반드시 죽으리로다'(삿 13:22)라고 전율을 느끼지 않을 수 없다. 아브라함처럼 자신을 "티끌이나 재"(창 18:27)라고 느꼈을 것이고, 욥 같이 "나는 썩은 물건의 낡아짐 같으며 좀먹은 의복 같으니이다"(욥 13:28)라고 고백하지 않을 수 없었던 것이다.

---

92) Calvin, *Institutes*, I. I. 2-3, pp. 37-38.

세속화 신학자 존 로빈슨(John Robinson)[93]은 그의 저서 《신에게 솔직히》(Honest to God)에서 초자연적인 하나님의 개념을 외면하고 자연적 현세적인 하나님으로 대치해야 한다고 주장하였다. 이것은 오늘날의 기독교가 생존하려면 재래의 기독교 신학이 가졌던 하나님의 존재를 절대적으로 믿는 유신론 사상에서 자연주의적 사상으로 과감하게 재해석을 해야 한다는 것이다. 하나님의 아들로서 예수 그리스도의 신성을 부인하고, 지금까지 살았던 사람 중에서 하나님과 가장 비슷한 사람 혹은 완전한 인간으로 이해하였다.

또한 하나님께 드리는 예배는 이 세상에서 저 세상으로 도피하는 것이 아니며, 세속적 종교적인 영역 속에서 그리스도를 만날 수 있도록 자신을 열어 놓은 것이라고 했다. 정통적인 기독교에서 기도는 이 세상을 떠나 하나님에게로 향하는 것이라면, 로빈슨은 이 세상을 통해서 하나님께 향하는 것이라고 하며, 사랑이나 행동을 통하여 상대방과 함께 있는 것을 중보기도의 핵심이라고 주장한다. 그래서 로빈슨의 예배와 기도의 개념은 오로지 인간적인 활동으로만 말하는 것이 되어서 세속적이며 외적이다. 그러나 정통 기독교에서의 예배와 기도는 영적이며 내적인 것이다.

---

93) 존 로빈슨(John A. T. Robinson, 1919-1983)은 영국 성공회 신학자였다. 그는 케임브리지 대학교(Cambridge University) 교수였고, 미국의 하비 콕스(Harvy Cox)처럼 세속화 신학을 가르쳤다. 첨단과학 기술 시대에 살고 있는 현대인들은 "저 하늘 위에 있는 신, 눈에 보이지 않는 신을 이해할 수 있을까?" 하면서 전통적인 기독교 신학사상을 회의하였다. 그의 사상은 전반적으로 성경 속에서 하나님을 찾는 유신론적 신 개념을 부인한다. 로빈슨은 콕스와 마찬가지로 세속(secularism)이 현대인에게는 '하나님의 모습'이라고 설파하는 급진주의적 탈기독교 신학자였다.

그러므로 칼빈이 《기독교 강요》 제1권 제1장에 나타난 "하나님의 심오한 뜻과 전율 앞에서 새로운 영적인 힘과 추진력이 발휘된다"라고 강조하는 것처럼, 이제 100년이 훨씬 넘는 새벽기도의 역사를 가진 오늘날 한국교회는 이론적인 차원에서 벗어나, 영적인 경건과 기도의 영역에서 코람데오(Cram Deo) 하나님 앞에 칼빈주의적인 신앙, 곧 살아 계신 하나님의 절대 주권과 천당과 지옥의 존재를 확실하게 믿는 신앙을 가지고 살아야 할 것이다.

(2) 최봉석 목사의 예수천당 신학은 뚜렷한 천당 지옥관으로서 그의 내세관을 앞세운다.

최봉석 목사는 다음과 같이 전파하였다. 죄인 된 인간은 예수 그리스도를 믿고, 그의 보혈의 공로로 죄 사함을 받고, 미래에 준비된 영원한 복락, 즉 천당에 들어가는 것이다. 그러나 예수 그리스도를 믿지 않고 배도와 죄악과 멸망의 길로 걸어가는 자들은 심판을 받아 영원한 형벌의 장소인 지옥의 불에 들어가게 된다.

"또 내가 크고 흰 보좌와 그 위에 앉으신 이를 보니 땅과 하늘이 그 앞에서 피하여 간데없더라 또 내가 보니 죽은 자들이 큰 자나 작은 자나 그 보좌 앞에 서 있는데 책들이 펴 있고 또 다른 책이 펴졌으니 곧 생명책이라 죽은 자들이 자기 행위를 따라 책들에 기록된 대로 심판을 받으니 바다가 그 가운데에서 죽은 자들을 내주고 또 사망과 음부도 그 가운데에서 죽은 자들을 내주며 각 사람이 자기의 행위대로 심판을 받고 사망과 음부도 불못에 던져지니 이것은 둘째 사망 곧 불못이라 누구든지 생명책에 기록되지 못한 자는 불못에 던져지더라"(계 20:11-15).

최봉석 목사의 '뚜렷한 예수천당 지옥관'은 그의 열정적인 새벽기도의 영성과 평양신학교에서 배운 정통 보수주의 개혁신학의 뿌리에서 찾을 수 있다. 당시 평양 장로회신학교는 마포삼열(Samuel A. Moffett) 선교사가 교장이었다. 평양 장로회신학교의 신학사상은 미국 프린스턴 신학교(Princeton Theological Seminary) 조직신학 교수였던 찰스 핫지(Charles Hodge)의 칼빈주의적 정통신학 사상이었다. 그는 19세기 독일에 일어난 자유주의적인 신학, 즉 주관적이며 윤리주의적이고 심리형상적인 천당 지옥관을 정면으로 비판하고, 객관적이며 장소적이고 성경적인 천당 지옥관을 주장하였다. 핫지 박사는 그의 명저 《조직신학》에서 다음과 같이 말하였다.

"천당은 예수 그리스도를 믿고 구원받은 사람들이 사후에 가서 영원한 복락을 누리는 천상의 전당인데, 거기에는 그리스도가 하나님의 우편에 앉아 계시고 하나님을 보좌하는 천군 천사들과 12사도들과 24장로들과 헤아릴 수 없이 많은 수의 성도들이 한자리에 모여서 할렐루야! 하나님의 성호를 쉬지 않고 찬양하는 곳이다. 그리고 지옥은 예수를 믿지 않다가 그들의 죄로 말미암아 하나님의 공의로운 심판의 대상이 된 자들이 사후에 가는 곳으로서 영원히 꺼지지 않는 불 속에서 영원한 형벌을 받는 곳이다."[94]

찰스 핫지 박사의 성경적인 천당 지옥관은 평양 장로회신학교에서 가르쳤던 미국 선교사들의 천당 지옥관이었다. 그래서 미국 선교사 교수들에게 배운 정통신학 사상이 바로 최봉석 목사의 예수천당 지옥관인 것이다.

그런데 불행하게도 오늘날 현대신학에서 찰스 핫지 박사의 성경적인 천당 지옥관은 이미 사라져 버렸다. 이것은 독일의 실존주의 신학자 위르겐 몰트만(Jurgen Moltmann)[95]의 실존주의적인 성경 해석학과 방법론에 가려지고 말았기 때문이다.

위르겐 몰트만은 하이데거(Martin Hidgger)의 실존주의적 성경해석의 방법론을 도구로 삼아 소위 널리 알려진 '양식비평'(form criticism)[96]과

---

94) Charles Hodge, *Systematic Theology IV* (Grand Rapids: Wm. B. Eerdmans Publishing Company, 1981), pp. 747-750.
95) 위르겐 몰트만(Jurgen Moltmann, 1926-)은 독일의 개신교 루터교의 신학자이다. 그는 독일 마르부르크 대학교(University of Marburg)를 졸업한 후 이 대학에서 30년 동안 신약학 교수로 재직하였다. 불트만의 신학은 '소망의 신학'(Theology of Hope)이며, 그의 성경해석 방법은 '양식비평'과 '비신화화'였다. 이것은 마틴 하이데거(Martin Hidgger)의 실존주의적인 해석학의 방법인 것이다. 즉, '존재'(being)를 어떻게 규정하며 그 존재를 위협하는 것들(고뇌, 공포, 죽음)에서 벗어나 '진정한 존재'가 되느냐이다. 불트만의 성경해석 방법론을 정통신학의 측면에서 본다면, 기독교 신학사상의 뿌리를 뒤흔드는 회의론적인 급진적 신학사상이다.
96) 박아론, 《현대신학은 어디로?》 (서울: 기독교문서선교회, 1981), pp. 33-38; 박아론, 《현대신학연구》 (서울: 기독교문서선교회, 1989), pp. 120-124; Harvie M. Conn, 《현대신학해설》 (서울: 한국개혁주의신행협회, 1975), pp. 82-99.

'비신화화'(deymythologization)[97]를 주장하였다. 1921년 위르겐 몰트만은 신약성경의 공관복음서 자료의 전승 역사를 탐구하는 방법론으로서 '양식비평'을 도입하였다.

성경해석론에 있어서 '양식비평'이란 무엇인가? 이것은 어떤 문서가 형성됨에 있어서 '여러 구전'(oral traditions)들이 전하여졌다고 보고, 그 구전들을 여러 양식(forms)으로 분류하여 원래의 상황으로 찾아야 한다는 것이다. 양식비평에 의하면 지금의 복음서를 액면 그대로 받아들여서는 안 되고, 지금의 복음서 이전의 복음서를 찾아야 한다고 주장하고 있다. 초대교회 당시 예수 그리스도에 관한 많은 구전들과 이야기가 이미 존재하였고, 그리고 초대교회 공동체가 이러한 것들을 그들의 의도대로 편집하였다고 주장하고 있다.

'양식비평'은 신약성경의 복음서 안에 있는 문서 자료, 인물, 숫자, 시간, 장소 등의 표시는 대부분 비역사적이며 믿을 수 없기 때문에 이러한 것들은 다 제거해야 한다고 주장한다. 예를 들면, 기적의 이야기와 예언, 비유, 초자연 사건 등이다. 이것들은 어느 것이 원래의 전승이고 어느 것이 다음 전승이고, 어떤 것이 먼저이고 어떤 것이 나중 이야기인가를 나누어야 하며, 그중에서 어떤 것이 예수의 가르침과 제일 가까운 것인가를 결정해야 한다고 주장한다.

그러므로 몰트만을 비롯한 양식학파는 신약성경의 복음서를 통

---

97) *Ibid*.

하여 나타난 예수 그리스도의 생애와 교훈에 대한 것은 정확한 기록이 아니라, 신약시대 초기 크리스천들의 종교적인 작품에 불과하다고 본다. 그리고 신약성경 복음서의 저자들이 당시 있었던 단편적인 구전들을 모아 편집하였기 때문에 복음서의 기록은 역사적인 근거가 적다고 주장한다.

성경 해석론에서 '비신화화'는 무엇인가? 이것은 신약성경의 복음서는 신화적, 미신적 요소들로 편집되었기 때문에 그 신화적, 미신적 요소들을 과학적인 개념과 언어로 재해석해야 한다는 것이다. 즉, 신약성경이 입고 있는 신화적인 옷을 벗겨 버리고 '비신화화' 되어야 한다는 것이다.

예를 들면, 예수를 메시아(Messiah, Lord)로 부르고 믿는 것은 역사적인 자료가 증명되지 못하므로 역사적인 예수와 잘 맞지 않고 상충된다고 주장한다. 왜냐하면 당시 뒤늦게 초대교회의 크리스천들이 예수를 메시아로 믿었고, 예수를 메시아로 불렀고, 그리고 예수의 부활과 승천을 복음서에 첨가하였기 때문이라고 주장한다. 이리하여 몰트만은 '신약성경의 복음서는 신화적이다, 이 신화적인 요소를 제거하기 위해서는 '비신화화'라는 방법론에서 찾아야 한다'고 주장한다.

몰트만은 신약성경에 나타난 '천당 지옥관'을 전근대적이며 비과학적으로 규정하였고, '비신화화 방법론'이 그것의 구제책이라고 주장하였다. 그는 "성경은 비과학적인 언어를 사용할 뿐만 아니라 과학 이전의 세계관을 가지고 있다는 것이다. 인간들이 사는 세상 위에는 하늘이 있는데, 하늘에는 하나님과 천사들이 거주하고, 인간들이 사는 세상 아래에는 지옥이 있는데 사탄과 마귀들로 만원이 되어 있다고 생각하는 것이 바로 성경이 가지고 있는 삼층 세계관이라는 것이다. 이와 같은 삼층 세계관은 과학시대에 살고 있는 우리에게 수락할 수 없다"[98)]고 주장하였다.

여기에서 본서의 공동저자는 독자들에게 '책 읽는 피로'를 덜어 주기 위하여, 다음과 같이 우스갯소리로 들리지만 실화라고 하기도 하는 이야기 하나를 하려고 한다.

어느 날, 몰트만 교수가 그가 근무하던 신학대학교에서 학생들을 가르치다가 "최근에 희소식이 있는데, 그것은 요사이 지옥에서도 '연료난'이 닥쳐와서 지옥의 풀(100%) 가동이 차질을 빚고 있다"고 하였다. 그때 학생 중에 한 사람이, "교수님, 그것이 왜 희소식입니까?"라고 질문하였다. 몰트만 교수는 질문한 학생에게 이렇게 그 나름대로의 대답을 다음과 같이 들려주었다. "자네는 두뇌회전이 빠르지 않구먼. '연료난' 때문에 '지옥의 가동률'이 낮아진다면 지옥에서 불타오르는 '영원한 불길'(마 18:8)도 덜 뜨거워질 터이니 그 이상의 희소식이 또 어디 있겠는가?"라고 대답하였다.

몰트만은 천당과 지옥을 공간적으로 인식하고, 그와 같은 인식과 관련시켜 하나님의 아들이 천사장의 나팔 소리와 함께 구름 타고

---

98) 박아론, 《현대신학은 어디로?》, pp. 19-20.

친히 하늘로부터 내려온다는 당시 헬라적인 사상에 근원하였다고 주장하였다. 이것은 당시 헬라인들은 경건한 자의 영혼은 죽은 후에 하늘에 올려져 간다고 믿었기 때문이다.

최봉석 목사의 '뚜렷한 천당 지옥관'은 몰트만의 실존주의적 신학사상 측면에서 본다면 과학성과 근대성이 결여된 하나의 보잘것없는 '두메산골의 신학'으로 볼 수 있다. 그런데 만약 최봉석 목사가 몰트만 학파의 실존주의적인 천당과 지옥관을 배웠더라면 오늘의 한국교회는 어디로 갔으며, 어떻게 되었을까? 정말 불행 중 다행인 것이다. 최봉석 목사가 하나님의 크신 섭리와 인도하심으로 평양 장로회신학교에 들어가서 찰스 핫지의 정통 보수주의 신학을 배웠기 때문에, 오늘날 한국교회가 크게 부흥 성장하여 선교대국이 되어 지구촌을 향하여 예수 그리스도의 복음을 전파하는 사역을 담당하고 있는 것이다. 이것은 최봉석 목사의 예수천당의 신학과 그의 새벽기도 영성, 즉 "예수 천당! 불신 지옥!"이라 외친 결과일 것이다. 아멘 할렐루야.

2) 오직 예수 사상

최봉석 목사의 예수천당 신학의 두 번째 사상은 '오직 예수 사상' (only Jesus' thought)이다.

(1) 최봉석 목사의 예수천당 신학의 '오직 예수 사상'은 기독교 유신론적인 사상으로서 바울 신학이다.

최봉석 목사의 예수천당 신학의 또 다른 사상은 '오직 예수 사상'이다. 최봉석 목사의 매일 새벽기도와 신구약 성경 묵상과 설교를 통하여 주는 메시지는 "오직 예수만이 구원!"이라는 기독교의 가장 기본적인 진리이다.

"주 예수를 믿으라 그리하면 너와 네 집이 구원을 받으리라"(행 16:31).

하나님의 존재와 그의 진리의 말씀을 믿는 기독교 유신앙론적인 측면에서 본다면, 최봉석 목사의 '오직 예수 사상!'은 '바울 신학'(Paul's theology)이다. 죄인 된 인간이 예수 그리스도를 통하여 믿음으로 의롭게 되었다고 선언하는 법적인 행위로써의 칭의이다. 이것은 중생과 회심과는 다르다. 그리고 갱신의 행위, 혹은 과정이 아니다. 칭의가 미치는 영향으로써 죄인의 상태가 아니라 신분이다. 죄인의 죄책을 완전히 제거하며 하나님의 자녀로서의 모든 권리를 가지도록 회복시켜 준다.

"그러므로 우리가 믿음으로 의롭다 하심을 받았으니 우리 주 예수 그리스도로 말미암아 하나님과 화평을 누리자 또한 그로 말미암아 우리가 믿음으로 서 있는 이 은혜에 들어감을 얻었으며 하나님의 영광을 바라고 즐거워하느니라"(롬 5:1-2).

이것은 칭의(justification)의 결과로써, 예수 그리스도를 통하여 죄인 된 인간과 하나님 사이를 화목하게 하심을 가리키는 것이다. 이 점에 대하여 리델보스(Herman Ridderbos)는 다음과 같이 말하였다.

"하나님은 그리스도를 그의 죽음으로 인하여 화목제물로 삼으셨고, 이런 방법으로 그의 죽음 안에서 그의 의를 나타내셨다. 이러한 사실은 하나님이 그리스도를 다른 사람들을 위한 죽음을 통한 화목제물로 주심으로써, 그리스도 안에서 자기 의로움의 능력이 있음을 보여주셨다는 사실을 가르치는 바가 큰 것이다."[99]

에덴동산에서 아담은 불순종으로 말미암아 사망과 죽음을 주었으나, 갈보리 십자가의 예수 그리스도는 순종함으로 생명과 영생을 주셨다.

"한 사람의 범죄로 말미암아 사망이 그 한 사람을 통하여 왕 노릇 하였은즉 더욱 은혜와 의의 선물을 넘치게 받는 자들은 한 분 예수 그리스도를 통하여 생명 안에서 왕 노릇 하리로다 그런즉 한 범죄로 많은 사람이 정죄에 이른 것같이 한 의로운 행위로 말미암아 많은 사람이 의롭다 하심을 받아 생명에 이르렀느니라 한 사람이 순종하지 아니함으로 많은 사람이 죄인 된 것같이 한 사람이 순종하심으로 많은 사람이 의인이 되리라"(롬 5:17-19).

최권능 목사의 '오직 예수 사상'은 마틴 루터와 존 칼빈과 같은 종교개혁자들이 부르짖었던 "오직 믿음!"(sola fide)이라는 사상과 맥이 통한다. "오직 의인은 믿음으로 말미암아 살리라 함과 같으니라"(롬

---

99) Ridderbos, *op. cit.*, p. 167.

1:17). 그리고 최봉석 목사의 '오직 예수 사상'은 신앙 그 자체가 구원의 원인과 근거가 아니며, 오직 구원을 성취하는 방편이라는 역사적인 개혁주의 신학의 신앙관과도 일치한다. 그래서 예수 그리스도를 믿는 우리의 믿음이 공로가 되어서 하나님 앞에서 의롭게 만드는 것이 아니라, 그 믿음이 우리를 예수 그리스도와 연결시켜 주고, 믿음으로 예수 그리스도와 연결된 우리는 그리스도의 의를 근거하여 하나님 앞에서 하나님의 의롭다 하심을 받는 것이다.

최봉석 목사의 "예수 천당! 불신 지옥!"의 외침은 불신자들을 향하여 예수 그리스도의 믿음을 가지도록 외쳤다는 사실이다. 그는 산신, 수신, 용신들을 섬기며 성황제를 드려서 복된 현실적인 삶을 누리고자 하는 불신자들을 향하여, "여러분, 성황당을 많이 모셨지만 무슨 소득을 봤습니까? 이 돼지 주둥이가 떨어지거든 성황제를 중지하고 예수 믿고 천당을 가도록 하시오!"라고 외쳤다. 그때 최봉석 목사가 외쳤던 강조점은 '믿음!'보다는 '예수!'였다. 그 이유는 최봉석 목사가 "믿음 천당!"이라고 외치지 않고, "예수 천당!"이라고 외쳤기 때문이다.

한국교회가 가지는 새벽기도회는 살아 계신 하나님께서 우리에게 주시는 신령한 은혜의 시간일 뿐만 아니라, 예수님을 통하여 주시는 구원의 성취감과 구원의 희열을 체험하는 영적인 시간이다. 그러므로 최봉석 목사가 새벽기도의 영성을 통하여 체험한 그 예수를 전파하고 외쳤던 그의 삶과, 지난 100년이 넘도록 한국교회가 새벽기도회를 통하여 체험한 그 예수 그리스도를 증거하는 일은 결코 우연의 일치가 아닐 것이다. 즉, 최봉석 목사의 새벽기도 영성 안에는 한국교회의 새벽기도회가 들어 있고, 한국교회의 새벽기도회 안에는 최봉석 목사의 새벽기도 영성이 들어 있다.

(2) 최봉석 목사의 예수천당 신학의 오직 예수 사상은 유기독교론적 사상인, 오직 기독교가 유일한 구원의 종교라는 사상이다.

최봉석 목사가 "예수 천당!"을 외치면서 평안남북도와 중국 만주 일대를 다니며 예수 그리스도의 복음을 전파하였을 때에 그는 기독교 이외에 다른 종교들을 접촉하게 되었다. 불교와 유교 및 무당교, 도교를 믿는 사람들을 만나게 되었다. 그때마다 최봉석 목사는 "예수 천당! 불신 지옥!"을 외쳤다.

최권능 목사는 유기독교론적 사상의 입장에 서서 기독교인들이 아닌 다른 종교인들을 만날 때마다 전지전능하신 살아 계신 하나님과 오직 인류의 구원자 되신 예수 그리스도를 믿는 기독교만이 유일한 '구원의 종교!'라는 사실을 강하게 외쳤다. 최봉석 목사의 강력한 외침은 유대교 지도자들과 제사장, 사두개인들을 향하여 예수 그리스도의 복음을 전파한 베드로와 요한의 외침과 같았다.

"다른 이로써는 구원을 받을 수 없나니 천하 사람 중에 구원을 받을 만한 다른 이름을 우리에게 주신 일이 없음이라 하였더라"(행 4:12).

자유주의 현대 신학자 폴 틸리히(Paul Tillich)[100]는 기독교와 타 종교의 관계에서 역사학자 아놀드 토인비(Arnold Toynbee)와 같은 자처럼 세계종교들의 통합론을 부르짖는 '에큐메니칼 종교'(ecumenical religion) 또는 '상대주의적 종교론'의 입장을 취하고 있다. 아놀드 토인비는 다음과 같이 주장하였다.

"우리들의 기독교 신앙이 참되고 옳은 것이라고 믿는 동시에 세계에 존재하는 모든 고등한 종교들이 어느 정도 올바른 것의 계시임을 우리는 또한 인정해야 할 것이다. 우리는 우리가 믿는 하나님께서 온 인류의 하나님이시며 사랑의 대상이기 때문에, 다른 종교들도 기독교와 같이 같은 발광체에서 나오는 빛임을 알아야 할 것이다."[101]

그리고 폴 틸리히는 주장하기를, "기독교는 타 종교에 대해서 전적으로 배타적이 되어서는 안 되고, 전적으로 수용적이 되어서도 안 되며, 거부와 수용의 변증법적인 절충의 태도를 가져야 한다. 그리고 유기독교론적 사상은 기독교와 타 종교들 간에 존재하는 심오한 유기적이며 변증법적인 관계를 모르는 태도로서 지탄을 받아야 한

---

100) 폴 틸리히(1886-1965)는 독일 루터교 신학자이자 철학자이다. 그의 신학은 '존재의 신학'(theology of being)으로서, "신은 존재하지 않는다. 신은 실재와 존재를 넘어서는 존재 자체이다"라고 하였다. 그는 성경에 계시된 하나님의 말씀을 부인하고, 그의 신론과 구원론은 성경 교리와 관계가 없는 실존적인 상황을 묘사한다. 그의 저서는 《Systematic Theology》와 《The New Being》 등이 있다.
101) 박아론, 《새벽기도 이야기》, pp. 112-113; Ref. Arnold Toynbee, *Christianity Among the Religion of the World* (New York: Sharles Scrbners, 1957), pp. 99-100.

다"[102]라고 논평하였다.

이렇게 오늘날 현대 신학사상은 폴 틸리히의 사상과 같이 하나님의 존재와 성경을 그의 계시된 말씀으로 믿는 '유기독론적 사상'을 멀리하고, 상대주의적 종교론과 종교 다원주의적 입장에서 과학적 근대적인 종교 인식을 도모하고 있다. 그러나 기독교에서 성경은 분명히 예수를 믿는 자에게만 구원이 있다고 가르치고 있다.

사도 바울이 아레오바고(Areopagus) 광장에 서서 예수 그리스도의 복음을 전파할 때에 당시 아덴 사람들은 토인비와 폴 틸리히처럼 기독교의 유일 종교관을 의심하였다. 그래서 그들은 에피쿠로스(Epicurean)와 스토아 철학(Stoic Philosophy)을 좇고 '알지 못하는 신에게 새긴 단'(행 17:23) 앞에서 절을 하였고, 그들의 모습은 "종교심이 많도다"(행 17:22), "너무나 미신적이다"(too superstitious, KJV)라고 하였다. 그리고 사도 바울은 예수 그리스도가 죄인된 인간들을 구원하기 위하여 갈보리 십자가상에 죽으시고 다시 부활하신 진리의 메시지를 전파하다가 아덴 사람들에게 조롱을 당하기도 하였다.

그러므로 최권능 목사의 '유기독론적인 오직 예수 사상'은 폴 틸리히와 토인비의 종교 혼합주의적 이론을 전적으로 배격하고, 사도 바울의 신학사상을 전적으로 수용하는 신앙의 순박성을 보여주고 있다. 100년 이상 새벽기도회의 역사를 가진 오늘의 한국교회는 새

---

102) *Ibid.*

벽기도를 통하여 체험할 수 있는 기독교의 강력한 구원론의 혜택으로 인하여 최봉석 목사와 같은 유기독교론적 사상으로 무장된 목회자들과 많은 전도자들을 배출할 수 있었다. 그리고 유기독론적 사상의 뿌리를 내린 교회들이 건강하고 크게 부흥 성장하는 모습들을 볼 수 있다. 더 나아가서 최봉석 목사의 예수천당 신학을 오늘의 한국교회의 신학으로 잘 보존하여, 전 세계 지구촌을 향하여 전도와 선교에 원동력으로 삼고, 전도하고 선교하면서 '세계 보편 종교'를 주장하는 현대 자유주의 기독교의 철의 삼각지를 격파하기 위하여 선전 분투해야 할 것이다.

최봉석 목사가 평양 장로회신학교에서 배웠던, 유기독론적 신학 사상은 구 프린스턴 신학(Old Princeton theology)의 유능한 대변자 사무엘 크레이그 박사(Dr. Samuel G. Craig)의 다음과 같은 글들을 우리는 마음 깊이 새겨야 할 것이다.

"만일 우리가 기독교가 유일한 종교임을 부인한다고 하자. 그리하면 기독교가 언젠가는 죽은 종교가 되지 않으리라는 보장을 그 누가 하지 않을 수 있겠는가? 그러나 우리가 기독교가 유일한 종교임을 성경 말씀이 가르치는 대로 믿는다고 하자. 그리하면 우리는 언젠가 지상에서 적그리스도의 세력이 완전히 파괴되는 것을 보고, 영원한 신국이 도래하리라는 확신 아래 그 희망을 가지고 미래를 향해서 나아갈 수 있을 것이 아니겠는가?"[103]

---

103) *Ibid.*, p. 114; Ref. Samuel G. Craig, *Christianity Rightly So Called* (Phillipsburg, New

3) 더욱 예수 사상

최봉석 목사의 예수천당 신학의 세 번째 사상은 '더욱 예수 사상'(more Jesus' thought)이다.

(1) 최봉석 목사의 '더욱 예수 사상'은 예수화 개념이다.

최권능 목사의 '예수화 개념'은 '오직 예수 사상'을 전제로 하여 기초가 되어야 한다. 이것은 마치 기독교 조직신학의 구원론에서 칭의와 성화와 같다. 구원의 서정에서 칭의 다음에는 성화가 나온다. 그리고 그때의 칭의는 성화가 전제되어야 하고, 성화를 목표로 삼는 것과 같다. 조직신학자 루이스 벌코프(Louis Berkhof)는 칭의와 성화의 차이점을 다음과 같이 설파하였다.

> "첫째, '칭의'는 죄책을 제거하여 죄인으로 하여금 영원한 유산과 함께 하나님의 자녀의 모든 권리를 갖도록 회복시켜 준다. 성화는 죄의 오염을 제거하여 죄인으로 하여금 하나님의 형상에 부합하도록 갱신한다.
> 둘째, '칭의'는 그것이 신앙에 의하여 충당되지만, 하나님의 법정에서 죄인 밖으로부터 오는 것이다. 그러나 성화는 사람의 내적 생활에서 일어나서, 점진적으로 그의 전 존재에 미치게 된다.

Jersey: Presbyterian and Reformed Publishing Company, 1946), p. 270.

셋째, '칭의'는 단 한 번만 일어난다. 그것은 반복되지 않으며 또한 한 과정도 아니다. 그것은 즉시로, 또는 영원히 완성된다. 한편 성화는 이 세상에서는 완성되지 않는 연속적인 과정인 것이다. 넷째, '칭의'와 '성화'는 다 같이 그리스도의 공로이지만 칭의의 사역은 특히 성부에게 돌리고, 성화의 사역은 성령에게 돌려진다."[104]

최봉석 목사는 예수를 믿지 않는 사람들을 향하여서는 "예수 천당! 불신 지옥!"을 외쳤지만, 이미 예수 그리스도를 믿고 영접한 사람들에게는 "더욱 예수!"를 부르짖었다. 이것은 최봉석 목사가 예수를 믿고 있는 그들 속에 더욱더 예수를 자라게 하고 충만케 하는, 즉 '예수화'하는 것이 하나님을 기쁘게 하고 영광을 돌리는 것이라고 생각하였기 때문이다.

"우리가 다 하나님의 아들을 믿는 것과 아는 일에 하나가 되어 온전한 사람을 이루어 그리스도의 장성한 분량이 충만한 데까지 이르리니"
(엡 4:13).

최권능 목사는 평양을 비롯한 평안도 일대와 남쪽 만주 땅까지 가서 예수 그리스도의 복음을 전파하였다. 그리고 평양 옥중 시절에 보여준 백절불굴의 신앙을 지켜본 성도들은, "최봉석 목사를 미치광

---

[104] Louis Berkhof, *Manual of Christian Doctrine* (Grand Rapids: Wm. B. Eerdmans Publishing Company, 1968), pp. 256-257.

이라고 여기는 사람도 있었고!" 또 "그의 몸가짐은 깨끗하고 단정하였고, 그의 얼굴에는 소년 같은 천진스러움이 있었고", 그리고 "그는 베드로와 같은 열정을 가진 성인으로 보였다"라고 증언하였다.

이러한 최봉석 목사의 모습은 외식적이고 형식적인 바리새적인 모습이 아니었다. 그의 모습은 서방 기독교 역사상 가장 영향력을 끼치고 신경건운동의 산물이며 경건문학의 백미라고 불리는 토마스 아 켐피스(Thomas A. Kempis)의 《그리스도를 본받아》(The Imitation of Christ)[105]에서 말한 것처럼, 크리스천들의 생활은 예수 그리스도의 고난과 성결을 모방하는 생활이 되어야 한다는 것과 같았다.

이제 "오직 예수!" 신앙으로 구원받은 사람들은 사도 바울의 말처럼, "옛사람을 벗어 버리고 오직 너희의 심령이 새롭게 되어 하나님을 따라 의와 진리의 거룩함으로 지으심을 받은 새 사람을 입으라"(엡 4:22-24), "너희 몸을 하나님이 기뻐하시는 거룩한 산 제물로 드리라"(롬 12:1)라는 말씀의 생활화가 이루어져야 할 것이다.

그리고 최권능 목사의 '예수화'의 삶은, 로마 가톨릭 교회에서 말하는 의식적이고 고행적인 '그리스도의 모방'이 아니다. 또한 펠라기우스주의(Semi-Pelagians)와 알미니안파(Arminians)에서 말하는 '그리스도 모방'과 '완전한 성결'을 의미하는 것도 아니다. 이것은 웨스터

---

[105] 안재도, 《개혁주의 영성과 삶》, pp. 51-52; Ref. Thomas A Kempis, The Imitation of Christ (Grand Rapids, Baker Book House, 1982).

민스터 신앙고백서(Westminster Confession of Faith)에서 말하는 성경적인 성화의 삶을 뜻하는 것이다.

"효과적으로 부르심을 받고 중생하여 그들 안에 새 마음과 새 영을 창조함을 받는 자들은, 그리스도의 죽으심과 부활의 공로를 통하여 그의 말씀과 그들 안에 내주하는 성령으로 말미암아 실제로, 그리고 직접적으로 성화되어 온몸을 주관하는 죄의 권세가 파괴된다. 그리고 그 죄의 몸에서 나오는 몇 가지 정욕들이 점차 약해져 줄어들고, 그들은 점차 모든 구원하는 은혜 안에서 활기를 되찾아 강건하게 되어 참된 거룩한 생활을 하게 된다. 이러한 거룩한 생활이 없이는 아무도 주님을 보지 못할 것이다."[106]

조직신학자 찰스 핫지(Charles Hodge)는 구원론에서 말하는 성화에 대하여 다음과 같이 말하였다.

"첫째로, 하나님의 초자연적 사역을 의미한다(갈 5:22-23; 살전 5:23). 둘째로, 인간 안에서의 성령(그리스도의 영)의 사역을 의미한다. 그것은 그와 같은 성령의 사역에 인간의 전 인격이 순응할 때 이루어지는 것이다(갈 2:20-21; 빌 2:12)."[107]

---

106) G. I. Williamson, *The Westminster Confession of Faith* (Philadelphia: The Presbyterian and Reformed Publishing Company, 1964), pp. 114-115.
107) Hodge, *op. cit.*, pp. 213-215.

그러므로 해바라기처럼 하나님을 향한 인간의 근본적인 변화와 성화의 삶은 오직 예수 그리스도를 통해서 가능한 것이다. 지금도 최권능 목사의 '예수화!'는 '하나님을 믿지 못하는 성화!', '예수 없는 성화!'를 외치는 현대 자유 신학자들에게 강렬하게 울려 퍼지고 있을 것이다. 최봉석 목사의 '더욱 예수 사상!' 속에서의 '예수화 개념!'은 그의 전도와 순교의 삶 속에서 나타난 의식적으로 '하나님의 사람다운 사람!' 혹은 '예수의 사람다운 사람!'이 되고자 하는 크리스천의 삶을 강조하는 동시에, 무의식적으로 예수 그리스도의 고난의 발자취를 더듬고 따라가는 토마스 아 켐피스의 '그리스도를 본받아'의 삶이었을 것이라고 말할 수 있다.

최봉석 목사의 예수화의 삶은 참으로 예수 그리스도의 십자가 죽음을 생각하면서 죽은 순교적인 죽음이었다. 그는 일본 신사참배를 거부하다가 평양 형무소에 수감되어 옥중에서도 투쟁하면서 "예수 천당! 불신 지옥!"을 외쳤다. 그렇게 유치장에서 매를 맞고 고문을 당하다가 마룻바닥에 쓰러진 후 집으로 돌아와서, "하늘에서 전보가 왔구나, 나를 오라 하신다!"고 하면서 조용히 눈을 감았다. 할렐루야 아멘!

(2) 최봉석 목사의 '더욱 예수 사랑'은 신앙 재개발론이다.

최봉석 목사는 "예수 천당!"의 외침을 통하여 하나님을 알지 못하는 사람들이 예수 그리스도를 믿게 하고 영접하도록 하였다. 그리고 '더욱 예수 사상!'을 통하여 더욱더 예수화하여 예수 충만하도록 하였다. 최봉석 목사는 사람들이 구원을 얻는다는 것은 죄인 된 인간이 예수를 믿음으로 이루어진다는 것을 확고히 믿었다. 이것은 예수 그리스도의 의를 근거하여 하나님의 칭의하심을 받은 인간 안에서 예수의 의가 계속적으로 확장됨을 의미하는 것이다. 즉, 예수를 힘입어 구원받은 인간 안에서 예수가 날로 자라서 구원의 삶이 완성되도록 하는 것이다.

그런데 최봉석 목사가 보기에 예수를 믿고 구원을 받았다고 자처하는 사람들 중에는 사도 바울의 말과 같이, "너희를 젖으로 먹이고 밥으로 아니하였노니"(고전 3:2)에 해당하는 사람들이 많이 있었다는 것을 발견하였다. 교회의 지도자 위치에 있는 목사와 전도사, 장로와 집사들 중에도 하나님과 원수가 되고 사망에 이르게 하는 육신의 정욕과 안목의 정욕을 좇으며 명예욕과 금전욕, 권력욕에 눈이 어두워져서 "그리스도에게까지 자랄지라"(엡 4:15)에 이르지 못하고 영적 성장을 게을리하는 자들이 많이 있다는 사실을 느꼈다.

그리하여 최봉석 목사는, 너무나 많은 크리스천들이 예수 그리스도의 의를 근거하여 하나님의 은혜로 값없이 주시는 구원의 선물을 받았으나, 구원의 근거가 되는 예수 그리스도와 교통과 연합, 아픔과 고통에 참여하지 못하는 그들을 향하여 '예수 위에 더욱 예수!'를 외치면서 신앙 재개발론의 필요성을 강조하였다.

"나는 포도나무요 너희는 가지라 그가 내 안에, 내가 그 안에 거하면 사람이 열매를 많이 맺나니 나를 떠나서는 너희가 아무것도 할 수 없음이라"(요 15:5).

존 칼빈(John Calvin)은 "예수 그리스도와의 교통이 없이는 성화는 불가능하다"[108]라고 지적하였다. 그리고 마틴 루터(Martin Luther)는 "크리스천으로서 자람이 없는 사람은 크리스천이 아니다"[109]라고 단언하였다.

최봉석 목사는 항상 '그리스도에게까지 자라도록!' 그리고 '예수화!'하여 '예수 충만!' 하도록 밤낮을 가리지 않고 동분서주하면서 "더욱 예수!"를 외쳤다. 그런데 오늘의 한국교회는 내적인 성장보다는 외적인 성장과 부흥에 치중하였고, 외적인 전도와 선교적인 사역에만 집중하고 있다. 그러므로 한국교회가 "그리스도의 장성한 분량이 충만!"(엡 4:13)하기 위해서는 반드시 신앙의 외적 모습보다는 내적인 신앙의 재개발론이 더욱더 필요할 줄 안다.

조직신학자 박형룡 박사는 그의 《교의신학》에서 다음과 같이 말하였다. "중생이 영적 출생이라고 하면 성화는 영적 성장이다. 즉 중생은 거룩한 성향을 최초로 심어 줌에 대하여 성화는 그것의 강화이다. 중생은 병의 전환점이요 성화는 회복의 진보이다"[110]라고 하였다.

---

108) Calvin, *Institutes,*, I. 9-10, p. 766.
109) 박아론, 《새벽기도 이야기》, p. 123.
110) 박형룡, 《교의신학》 제5권 (서울: 보수신학서적간행회, 1972), p. 346.

그리고 오늘날 한국교회의 또 하나의 모습은 어떠한가? 그것은 분열하고 정죄하는 일이다. 한국교회의 많은 지도자들은 "주도 한 분이시요 믿음도 하나요 세례도 하나요 하나님도 한 분이시니"(엡 4:5-6)라는 것은 잘 알고 있다. 그러나 그들은 분열과 분리, 독선과 정죄하는 일에 서슴지 않고 앞장서고 있다. 이것은 예수 그리스도의 초자연적인 구속의 은총을 거부하는 일이다. 마치 공산주의와 기독교가 사람의 인권과 복지를 도모하는 진정한 휴머니즘이라고 생각하는 현대 기독교의 교회와 지도자들에 관하여, 우리가 성경적인 안목으로 바라볼 때 어찌 옳다고 동의할 수 있겠는가?

클라스 루니아(Klas Runia)는, "개도 자기 주인이 피습될 때에는 필사적으로 짖고 덤벼들며 싸우는데, 하나님의 진리가 훼손되고 있는 것을 보고도 우리는 아무런 소리 없이 가만히 있을 것인가?"[111]라는 칼빈의 말을 인용하면서, 살아 계신 하나님의 말씀의 강도와 성례의 집행을 통해 오늘의 현대교회가 개혁에 무관심함을 통탄하였다. 이러한 교회의 개혁운동은 일찍이 최봉석 목사 "더욱 예수!", "예수 위에 더욱 예수!"라고 하는 신앙 재개발론의 사상을 성취하는 일과 같지 아니겠는가?

그러므로 최권능 목사의 "예수 천당!"으로부터 시작하여 '오직 예수!'를 통하여 '예수화!'로 나아가는 우리의 믿음을 '신앙 재개발!'로써 새롭게 변화시키고 재무장해야 할 것이다. 그리고 최봉석 목사의

---

111) 박아론, 《새벽기도 이야기》, p. 126.

예수천당 신학을 통하여, 하나님 나라를 향하는 영적인 방향감각을 상실하고 잠을 자고 있는 오늘의 한국교회와 지도자들과 성도들을 향하여, 진리의 파수꾼이 되어 복음의 나팔을 불며 신앙의 재개발에 더욱더 박차를 가해야 할 것이다. 최봉석 목사가 예수화를 실천하는 삶을 통하여 나타난 예수 그리스도의 장성한 분량이 충만한 데까지 도달한 그의 위대한 신앙과 인품과 삶이 지금도 후세 사람들에게 잘 노출되고 있는 것이다.

"최권능 목사에게는 미국도, 영국도, 꽃의 서울도, 파리도, 일본의 동경도, 경성의 미쓰코시 백화점의 고급 중절모자와 세루 두루마기도 필요가 없었다. 자기 마음속에 영원토록 목마르지 않는 물을 뿜어내는 생명수 되시는 예수 그리스도 한 분만 있으면 족했다."[112]

---

112) *Ibid.*, p. 124.

제7장

한국 새벽기도회 열심자 주기철 목사의 신학과 영성(일사각오 신학/진리투쟁 영성)

1. 주기철 목사의 영성과 삶[113]

주기철 목사(1897-1944)는 경상북도 창원군 우천에서 주현선 장로의 가정에서 태어났다. 그는 어린 시절부터 서당에서 한문을 공부하였고, 웅천 보통학교에서 공부를 너무 잘하여 신동으로 불렸다. 그의 부친은 일찍부터 기독교 교인이었으며, 웅천교회에서 장로가 되었다. 젊은 청년 주기철은 평양신학교를 졸업하고 부산 초량교회와 마산 문창교회를 거쳐 평양 산정현교회에서 담임목사로 시무하였다. 그는

---

113) 안재도, 《50인 영성 인물사》, pp. 150-153.

이미 널리 알려진 대로 한국교회의 파수꾼이요, 위대한 순교자이다.

주기철 목사의 영성은 '일사각오'(solid determination)이다. 이것은 그의 트레이드마크이다. 그는 자신의 생명을 버리더라도 오직 주님을 향하여 끝까지 믿음을 지키겠다는 일사각오의 신앙을 소유하였다. 즉, "죽으면 죽으리라"(에 4:16)이다. 주기철 목사의 일사각오 생애와 삶은 이미 어렸을 때부터 시작하여 순교하는 날까지 여러 면에서 잘 나타나고 있다.

16세 때 청년 주기철은 오산학교의 교사인 춘원 이광수의 강연을 듣고 오산학교에 들어가기로 결심하였다. 입학하기 전의 이름은 '주기복'이었는데, 이후로부터는 '주기철'로 개명을 하였다. 즉, '주'는 주님의 '주'로, '기'는 기독교의 '기'로, '철'은 주님의 기독교를 철저하게 배우고 믿자!라는 의미에서 '주기철'로 바꾸었다. 이때부터 주기철은 본격적인 철저한 신앙생활을 시작하였다.

평양 오산학교의 설립자 이승훈의 간청으로 조만식이 교장으로 부임하였다. 그때 주기철은 오산학교에 입학하였다. 당시 신임 조만식 교장은 32세의 청년으로서 자그마한 키에 무릎에 닿는 두루마기를 입고 박박 깎은 말총 모자를 쓰고 다녔다. 눈과 비를 맞으면서 학생들과 함께 체조를 하고, 기숙사에서 그들과 같이 먹고 자면서 성경을 가르치고 영성훈련을 시켰다. 그러나 절대로 강압적으로 일을 시키거나 강요하지 않았다. 그동안 주기철은 이광수를 마음으로 의지하다가 그가 세상을 떠난 후에는 조만식을 통하여 하나님을 신뢰하고 오직 주님만을 의지하는 믿음을 배웠다.

　23세 때, 청년 주기철은 당시 신유의 기적을 일으키면서 전국 각지를 순회하며 부흥집회를 인도하던 김익두 목사의 설교, "성령을 받으라!"는 말씀에 큰 은혜를 받고 중생을 체험한 후 목회자의 소명을 받았다. 이후 1926년 28세 때에 주기철은 평양신학교에 들어가서 졸업을 한 후 처음으로 부산 초량교회에 담임목사로 부임하여 열심히 목회를 하였다. 그리고 경남학원에서 성경을 가르쳤는데 그때 손양원 학생에게도 가르침을 주었다.

　1925년 당시 조선총독부는 서울 남산과 부산 용두산에 조선 신사(신궁)를 세우고 '신도'를 선양하려고 하였다. 신도란, 일본의 역대 천황과 무인과 조상들을 '신'으로 모시고 숭배하는 토착화된 민족종교이다. 그리고 신사는 그들을 섬기며 제사하는 장소를 가리킨다.

　이러한 상황 속에 젊은 주기철 목사는 "신사참배 반대안"을 경남노회에 제출하여 그 세력들을 꺾어 통과시켰고, 계속하여 죽음을 두려워하지 않고 일사각오 신앙으로 신사참배를 반대하며 일본에 맞서 싸웠다. 34세 때 주기철은 초량교회를 사임하고 당시 가장 문제가 많았던 마산 문창교회로 부임하여 교회의 분규와 모든 문제들을 잘 해결하였다. 그러나 그의 아내 안갑수 사모는 병으로 세상을 떠나서, 2년 뒤에 38세의 마산 의신학교 교사 출신 오정모와 재혼하였다.

　39세 때 주기철 목사는 대선배이신 조만식 장로를 통하여 평양 산정현교회에 담임목사로 부임하였다. 부임 3년 뒤 산정현교회의 헌당예배 직전에 일본 경찰이 찾아와서 주기철 목사가 신사참배를 반대하였다는 이유로 현장에서 체포하여 구금시켰다. 계속하여 일제는 그를 구속하였다가 다시 가석방시키는 일을 무려 다섯 번씩이나 반복하였으나, 주기철의 일사각오 신앙은 요지부동이었다.

1935년 12월 19일, 주기철 목사는 평양신학교의 학생부흥회 때에 '일사각오'(행 20:24)라는 주제로 설교하였다. "첫째, 예수를 따라 일사각오해야 한다. 둘째, 남을 위하여 일사각오해야 한다. 셋째, 부활 진리를 위하여 일사각오해야 한다." 당시, 박형룡 박사는 주기철을 향하여, "길선주 목사 이후 앞으로 한국교회의 기둥이 될 목사"라고 칭찬하면서 벅찬 감동을 금치 못하였다.

결과적으로, 일제의 강압에 못 이겨서 열렸던 평양노회에서는 죄 없는 주기철 목사의 '목사직 파면'을 결정했고, 산정현교회는 폐쇄되었으며, 그의 가족들은 사택에서 추방되었다. 일제는 주기철에게 '황실 불경죄'와 '치안유지법 위반'이라는 죄목으로 10년 형을 내리고 평양형무소에 수감시켰다. 그러나 주기철 목사는 '일사각오 신앙'으로 하나님의 말씀을 붙잡고 끝까지 배신하지 않고 신사참배를 반대하다가 47세 나이에 옥중 순교하였다.

주기철 목사는 산정현교회에서 '다섯 종목의 나의 기원'이라는 마지막 설교를 마치고, 순교하기 직전에 다음과 같은 마지막 글을 남겼다.

"주님을 위하여 오는 고난을 내가 피하였다가, 이다음에 무슨 낯으로 주님을 대하리이까? 주님을 위하여 이제 내가 당하는 수욕을 피하였다가, 이다음에 주님이 너는 내 영광과 평안과 즐거움을 다 받아 누리고 고난의 잔은 어찌하였느냐고 물으신다면, 나는 어떤 말로 대답하리이까? 주님을 위하여 오는 십자가를 내가 피하였다가, 이다음에 주님이 너는 내가 준 유일한 십자가를 어찌하였느냐고 물으신다면, 나는 무슨 말로 대답할 수 있으리이까?"

마침내, 주기철 목사는 별처럼 밀알처럼 죽어 순교의 제물이 되었다. 1997년 그의 목사직은 80년 만에 복권되었을 뿐만 아니라, 1963년 대한민국 건국 공로 국민장에 추서되어 1968년 국립묘지에 안장되었음을 기억해야 한다.

2. 주기철 목사의 일사각오 신학

한국 초대교회의 새벽기도 열심자 3인방 중에 한 사람인 주기철 목사의 영성은 '일사각오'로서, 그의 신학은 일편단심 예수 그리스도를 향한 '일사각오의 신학: 진리투쟁 영성'이다. 이것은 새벽기도회 시간에 존재하는 '고요'를 통한 결과로, 갈보리 십자가상의 예수 그리스도를 명상하고 죽기까지 사랑할 것을 다짐하는 '순교의 신학'이다. 평소 주기철 목사는 산정현교회에서 목회할 때에 교인들을 향하여, "새벽기도 시간은 은혜가 많은 시간입니다!"라고 말하면서 새벽기도회에 참석할 것을 권면하였고, 자신도 365일 새벽기도회에 참석하였다. 그는 종종 구덕산에 올라가서 철야기도를 하였고, 1938년 6월 신사참배의 강요가 더욱더 심해지자 김화식 목사와 이유택 목사와 함께 묘향산에 올라가서 특별기도를 하면서 5일 동안 금식기도하였다.

1) 제1계명 제일주의

주기철 목사의 일사각오 신학의 첫 번째 사상은 '제1계명 제일주의'이다. 이것은 두 가지 사상을 가지고 있다. 신 존귀 사상과 우상 박멸론 사상이다.

(1) 신 존귀 사상

구약성경 출애굽기 20장에 나오는 십계명 중에 제1계명에는 "너는 나 외에는 다른 신들을 네게 두지 말라"(출 20:3)는 말씀이 있다. 이것은, 하나님의 자녀들로서 크리스천들은, 제1계명을 지키기 위해서는 일사각오의 신앙을 가져야 한다는 것이다. 그리고 인간이 제1계명을 지킨다는 것은 창조주 하나님께 영광을 돌리며 그를 존귀하게 하기 위함이다. 즉, 신 존귀 사상이다.

모세가 출애굽 할 때에 시내산에서 하나님께 언약의 말씀인 십계명을 받았다. 십계명 중에 제1계명부터 제4계명까지는 하나님과 이스라엘 간의 언약 관계를 가리킨다.

"너는 나 외에는 다른 신들을 네게 두지 말라 너를 위하여 새긴 우상을 만들지 말고 또 위로 하늘에 있는 것이나 아래로 땅에 있는 것이나 땅 아래 물속에 있는 것의 어떤 형상도 만들지 말며 그것들에게 절하지 말며 그것들을 섬기지 말라 나 네 하나님 여호와는 질투하는 하나님인즉 나를 미워하는 자의 죄를 갚되 아버지로부터 아들에게로 삼사 대까지 이르게 하거니와 나를 사랑하고 내 계명을 지키는 자에게는 천 대까지 은혜를 베푸느니라 너는 네 하나님 여호와의 이름을 망령되게 부르지 말라 여호와는 그의 이름을 망령되게 부르는 자를 죄 없다 하지 아니하리라 안식일을 기억하여 거룩하게 지키라"(출 20:3-8).

제5계명부터 제10계명까지는 이스라엘 백성들이 가족과 이웃에 대하여 어떻게 살아가야 할 것인가를 가르쳐 주는 삶의 대원칙이다.

"네 부모를 공경하라 그리하면 네 하나님 여호와가 네게 준 땅에서 네 생명이 길리라 살인하지 말라 간음하지 말라 도둑질하지 말라 네 이웃에 대하여 거짓 증거하지 말라 네 이웃의 집을 탐내지 말라 네 이웃의 아내나 그의 남종이나 그의 여종이나 그의 소나 그의 나귀나 무릇 네 이웃의 소유를 탐내지 말라"(출 20:12-17).

여호와 하나님께서 인간에게 주신 십계명 중에 가장 첫 계명은 바로 "나 외에는 네게 다른 신을 두지 말라!"는 것이다. 첫 계명은 인간이 오직 창조주 하나님 여호와에게만 영광과 존귀를 돌려야 한다는 사상이다 즉, 신 존귀 사상이다. 이것을 달리 표현한다면 사도 바울로부터 시작하여 성 어거스틴, 개혁자 마틴 루터와 존 칼빈에게로 이어지는 역사적 칼빈주의 트레이드마크인 "오직 하나님께 영광!"

(sola deo gloria)의 사상이다.

1938년 여름 어느 날, 평양 산정현교회에서 일본 어용 목사라고 불리는 부전만(도미다) 씨가 와서 평양 시내에 있는 전 교역자들에게 소위 시국 강연을 하였다. 그는 말하기를, 일본 신사참배가 국민 의례이므로 기독교 신앙에 저촉되지 않는다고 강조하였다. 그때 주기철 목사가 일어서서 격분한 어조로 다음과 같이 항의하였다.

"도미다 목사님의 고명하신 박식에는 우리가 미치지 못하는 줄 아나, 우리는 성경에 기록된 하나님의 계명 중 '나 외에는 다른 신을 두지 말라' 하신 것을 잘 압니다. 그런데 신사는 여호와 하나님을 섬기는 것이 아니고 천조대신을 숭배하는 것이니만큼 주님이 명하신 계명에 위반되는 것이므로, 성경을 하나님의 말씀으로 믿는 한국교회는 신사참배를 할 수 없는 것을 알고 있습니다."[114]

정통 칼빈주의 신학에서 하나님에 관한 견해, 즉 신관은 인간을 초월하여 존재하는 하나님의 자존성을 비롯한 불변성, 무한성, 영원성, 유일성, 즉 하나님의 비공유적 속성(incommunicable attributes)을 의미한다.

그러나 20세기에 들어와서 신정통주의(neo-orthodoxy) 신학의 대

---

114) 김충남, 《순교자 주기철 목사 생애》 (서울: 백합출판사, 1970), p. 267.

표적인 인물로서 칼 바르트(Karl Barth)[115]는 이렇게 말하였다.

"하나님의 초월성은 무에서부터 자신을 창조할 수 있고, 자신보다 전적으로 다른 존재가 될 수 있는 하나님의 절대 자유를 말한다. 이것은 하나님의 계시 배후에 존재하는 삼위일체의 하나님에서부터 출발하지 않고, 하나님의 계시의 현실성을 통해서 본 하나님의 자유에서 출발하는 것이다. 그리고 하나님은 인간을 그의 피조물이라고 하는 구별된 존재로 보시는 것뿐만 아니라, 인간으로 하여금 자신의 본성에 참여케 하여 인간을 자신 안에 포함시켜 버리는 하나님으로 자신을 생각한다."[116]

다시 말하면 하나님에게는 화육(evolution) 즉, '사람이 되는 하나님'이 가능할 뿐 아니라 진화(evolution theory) 즉, '하나님이 되어가는 사람'도 가능한 것이다. 범신론적 신관이다.

그러므로 칼 바르트의 신관은, 정통 칼빈주의의 신관과 같이 하나님의 계시 배후에 존재하는 삼위일체의 하나님에서 출발하지 않고, 주어진 계시의 현실성에 그 출발점을 두고 있다. 그렇다면 신관

---

115) 칼 바르트(Karl Barth, 1886-1968)는 스위스 개혁교회 목사이다. 그는 그의 《로마서 주석》을 통하여 새로운 신학적 혁명, 즉 19세기 자유주의 신학과 근본주의적 정통주의 신학을 뒤엎고 신정통주의 신학을 일으켰다. 그리고 그의 가장 중요한 신학사상은 《교회 교의학》(Kirchliche Dogmatik 1-4권)인데, 제1권은 교회 교의학, 2권은 신론, 3권은 창조론과 인간론, 4권은 섭리론이다. 역사가들은 칼 바르트를 토마스 아퀴나스(Thomas Aquinas) 이후 최대 신학자로 평가하고 있다.
116) 박아론, 《현대신학은 어디로?》, pp. 70-76; Conn, 《현대신학해설》, pp. 31-39.

을 삼위일체의 하나님에서 출발시키지 않고 주어진 계시의 현실성에서 출발시킨다는 것은 무엇을 말하는가? 그것은 반드시 수납되어야 할 하나님의 본질적 필연성(essential necessity)을 말하면서도, 하나님의 본질적 우연성(essential contingency)을 주장하는 사고방식이다. 그래서 칼 바르트의 초월적인 신관은 실존적 방법에 의한 범신론적인 사상을 가진 신관이다. 하나님과 사람의 본체론적 한계를 넘어서는 신학이다. 왜냐하면 그것은 변증법적 신관을 가지고 있기 때문이다.

반면에 주기철 목사의 일사각오 신학에서의 제1계명 제일주의의 신 존귀 사상은, 칼 바르트의 범신론적인 초월적이며 변증법적 신관을 과감하게 배격하였다. 그의 일사각오 신학은 평양 장로회신학교에서 배운 역사적인 칼빈주의 신학이다. 이것은 인생의 제일 목적이 되는 오직 하나님만을 존귀케 하며 그에게만 영광을 돌리는 삶이다. 웨스트민스터 소요리문답(Westminster Shorter) 제1문에서 "사람의 제일 되는 목적은 무엇인가? 답: 사람의 제일 되는 목적은 하나님을 영화롭게 하는 것과 그를 영원토록 즐거워하는 것이다"[117]라고 하였다.

그리고 주기철 목사의 일사각오 신학에서 제1계명 제일주의의 신 존귀 사상은 칼 바르트가 주장하는 예수 그리스도 안에서 자기 자신을 전적으로 계시하고 전적으로 은폐하는 하나님에 대한 변증법적 성격의 철학적인 이론과 인식이 아니라, 전적으로 오직 예수 그리

---

117) The General Assembly of the United Presbyterian Church in the United States of America, *The Book of Confession: the Constitution of PCUSA*, pp. 7,001-011.

스도를 향하여 "살든지 죽든지!"를 외치던 사도 바울처럼 고난의 종 된 사람의 몸부림이다.

> "지금도 전과 같이 온전히 담대하여 살든지 죽든지 내 몸에서 그리스도가 존귀하게 되게 하려 하나니 이는 내게 사는 것이 그리스도니 죽는 것도 유익함이라"(빌 1:20-21).

주기철 목사는 일본 신사 앞과 우상 앞에서 절하지 않고 죽는 순간까지 오직 하나님 여호와를 존귀히 여기고, 그의 독생자 예수 그리스도를 일편단심 사랑하는 불타는 결의와 일사각오 신앙으로 자기 자신을 순교의 피로 바치기로 결심하고서 살아갔던 것이다.

우리가 기억해야 할 것은, 주기철 목사의 제1계명 제일주의와 특별히 신 존귀 사상은, 바울의 교훈대로 크리스천은 육신의 상전 곧 주인 앞에(골 3:22 "종들아 모든 일에 육신의 상전들에게 순종하되") 순종하기를 그리스도에게 하듯이 할 뿐만 아니라, 육신의 상전들은 "하늘의 상전"을 인정하고 하나님의 뜻을 따라서 의와 공평을 베풀어야 한다는 사상이다. "상전들아 의와 공평을 종들에게 베풀지니 너희에게도 하늘에 상전이 계심을 알지어다"(골 4:1).

주기철 목사는 일제 강점기 말기에 조선총독부가 조선 기독교에 대하여 신사참배를 강요하는 것은 "나 외에 다른 신을 네게 두지 말라"는 하나님의 제1계명을 범하는 죄이며, "피조물을 조물주보다 더 경배하고 섬김이라"(롬 1:25)와 같다고 믿었다. 그리고 예수 그리스도가 "모든 통치자와 권세의 머리시라"(골 2:10)는 말씀을 부인하는 행동이었다. 이러므로 이것은 살아 계신 하나님에 대한 도전이며 예수 그리스도를 향한 반역죄로 판단하고, 주기철 목사는 일사각오의 신앙으로 죽기까지 투쟁하며 순교에 이르게 되었던 것이다.

독일의 대표적인 급진주의 신학자로 불렸던 독일 고백교회의 디트리히 본 회퍼(Dietrich Bonhoeffer) 목사[118]와 한국의 주기철 목사는 '20세기 순교자상의 모델'로서, 그들 나름대로 '신 존귀 사상'을 가지고 있었다 해도 과언이 아니다. 그런데 본 회퍼는 하나님을 인격적 윤리 대상으로 믿는 인본주의적인 신관을 가졌으며, 교회는 사회참여를 통하여 교회의 세속화운동을 해야 하고, 이 세속화운동을 통하여 역사적인 구원론적 교리와 전통적인 사도신경과 초자연적인 요소를 제거해야 한다는 신학사상이었다. 그러므로 본 회퍼의 신학사상은 자유주의적인 현실적 세속주의라면, 주기철 목사의 일사각오 신학, 즉 제1계명 제일주의인 신 존귀 사상으로 성경에 기초한 정통 칼빈주의이다.

1944년 본 회퍼는 반나치 지하운동 활동 중에 히틀러(Adolf Hitler)를 암살하려는 모의에 가담하였다고 하여 독일 비밀경찰에 붙잡혀

---

118) 디트리히 본 회퍼(Dietirch Bonhoeffer, 1906-1945)는 독일 고백교회의 목사이며 급진주의 신학자이다. 그는 칼 바르트의 변증법적인 신학사상에 큰 영향을 받았고, 독일 베를린 대학과 미국 유니온 신학교에서 조직신학 교수로 재임하였다. 그는 독일의 반나치 지하운동에 가담하여 옥중 생활 중에 39세에 교수형을 당하였다. 그의 유명한 옥중서신은《저항과 복종》(Widerstand und Ergebung)이다. 그의 사후 50년 만에 베를린의 한 법정에서 독일의 양심 본 회퍼를 복권시켰다. 왜냐하면 그는 국가를 위태롭게 한 적이 없고, 오히려 나치의 폐해로부터 국가와 국민을 구출하였다는 이유이다.

그 다음해인 1945년 4월 9일에 교수형으로 처형되었다. 그런데 만약 동시대의 인물로서 그때 본 회퍼 목사와 주기철 목사가 만났더라면 상상하건대 그들은 아마 다음과 같은 대화를 나누었을 것이다.

"'주 목사님! 일본인의 소원대로 신사참배를 하시오! 그것을 안 하겠다고 버티다가 죽을 필요가 없지 않습니까? 그래도 순교의 제물이 되기를 원하신다면 북만주나 중국 대륙에 가서 총칼로 일본 제국주의와 싸우시오. 그렇게 하다가 죽는다면 당신은 참 순교자가 될 것입니다'라고 충고하였다. 그때 주기철 목사는 본 회퍼 목사를 향하여, '나는 성경이 말씀하시는 창조주 여호와 하나님의 존재를 굳게 믿으며, 그 외에 다른 신을 섬기는 것은 제1계명을 범하는 것으로 알기 때문에, 일본의 천조대신을 모시는 신사에 가서 절할 수가 없소! 일본에 대한 저항과 조선 독립운동도 좋지만, 나는 하나님의 기름부음을 받은 종으로서 한국교회가 제1계명을 범하지 않도록 일사각오로 이끌어 갈 신성한 책임이 있단 말입니다.'"[119]

그런데 오늘날 한국교회가 낳은 위대한 순교자 주기철 목사가 순교하신 이후, 한국교회의 많은 지도자들은 순교의 본질을 바로 보지 못하고 다음과 같은 잘못된 해석을 좇고 있어 안타까운 심정이다.

"첫째, 주기철 목사의 순교는 전적으로 개인적인 경건과 신앙을 지키기 위한 것이었고, 일제 탄압에서 한민족을 구출하려는 애국

---

119) 박아론, 《새벽기도 이야기》, p. 141.

애족에 대해서는 오히려 무관심한 순교였다"[120]고 하는데 이는 크게 잘못된 해석으로써 유행되고 있다. 물론 주기철 목사는 그의 신사 불참배 운동을 정치적 차원에서 거부하였고, 그의 목회지인 산정현교회에서 조선 민족운동 지도자들을 향하여 면박하는 설교를 한 것도 사실이다. 그러나 교회는 그리스도의 몸으로서 세상과 구별된 거룩한 공동체라는 생각과, 인간의 창조에 있어서 제일 목적은 하나님을 영화롭게 한다는 신앙 때문이었다. 주기철 목사가 독립운동과 민족운동을 비기독교적인 운동이라고 판단하였기 때문이라고 결코 생각할 수 없는 것이다.

오히려 주기철 목사는 청년 시절에 오산학교를 졸업한 후 고향인 경상남도 웅천으로 돌아가서 '교남학회'를 조직하여 애국적인 청년운동을 일으켰다. 그리고 평양 장로회신학교를 졸업한 후 부산 초량교회와 문창교회에서부터 시작하여 평양 산정현교회에서 목회를 할 때에는, 우리 민족이 다른 민족들보다 우수성을 보여주어야 한다면서 애국 애족운동을 외쳤다. 바로 이 애국애족의 뿌리는 제1계명 제일주의의 신 존귀 사상이다.

"둘째, 주기철 목사의 일사각오 신앙은 예수를 따르는 일사각오 및 부활 진리를 위하여 일사각오를 외치는 신앙이었지 결코 순교 그 자체를 찬양하는 신앙은 아니었다"[121]는 사실을 지적하고 싶다. 주기철

---

120) 안병무, "순교자의 개념의 어제와 오늘", 〈기독교사상〉 4월호(1973), p. 45.
121) *Ibid*.

목사는 순교자가 되고 싶어서 죽은 것이 결코 아니라 오직 예수 그리스도를 위하여 충성하며 죽기까지 사랑하기 위하여 순교자의 죽음을 선택하였던 것이다. 어느 신학자는, "주기철 목사의 죽음은 순교자의 영광을 얻기 위하여 일부러 자진해서 죽음의 기회를 찾는 종교적인 영웅 숭배의 행동은 아니었던 것이 확실하다"[122]라고 말하였다.

그러므로 독일의 본 회퍼 목사의 죽음과 한국의 주기철 목사의 죽음을 비교해 본다면 다른 점이 분명히 있다. 전자는 독일 나치 정권에 항거하며 히틀러의 암살 음모를 꾸미다가 실패하여 정치범으로 처형된 독일 '애국자의 죽음'이라면, 후자는 자신과 한국교회의 신앙 정조를 지키기 위하여 생명을 바친 진정한 기독교적 '순교의 죽음'이라 말할 수 있다.

본 회퍼와 주기철 목사의 죽음은 방법은 서로 달랐다. 그러나 죽음을 각오하는 두 목사의 결연한 태도는 같았다고 할 수 있겠다. 그러한 점에서 '두 분의 죽음'은 매우 위대한 죽음이라고 말할 수 있을 것이다.

(2) 우상 박멸론 사상

십계명에서, "너를 위하여 새긴 우상을 만들지 말고 또 위로 하늘에 있는 것이나 아래로 땅에 있는 것이나 땅 아래 물속에 있는 것의 어떤 형상도 만들지 말며 그것들에게 절하지 말며 그것들을 섬기지

---

122) *Ibid.*

말라"(출 20:4-5)는 말씀은 제2계명에 해당된다. 그렇기 때문에 제2계명은 "너는 나 외에는 다른 신들을 네게 두지 말라"(출 20:3)는 하나님의 제1계명 다음에 오는 계명인 것이다. 즉, 제1계명을 잘 지키기 위해서는 제2계명을 잘 지켜야만 하고, 제1계명을 잘 지키는 사람은 결과적으로 제2계명을 잘 지키는 사람이 될 수밖에 없다는 사실이다.

평소 주기철 목사는 일본의 천조대신을 모신 신사에 가서 절하는 것이나, 개인 가정의 집안에 일본의 신도 규례에 따라 놓아 둔 가미다나 신상을 보고 격분하여 부숴 버린 적도 있었다. 이러한 모습은 시내산에서 내려온 지도자 모세가 아론과 이스라엘 사람들이 만든 금송아지를 불살라 부수고 가루를 만들어 버렸던 모습과 같다.

> "모세가 그들이 만든 송아지를 가져다가 불살라 부수어 가루를 만들어 물에 뿌려 이스라엘 자손에게 마시게 하니라"(출 32:20).

그리고 예수님께서도 예루살렘 성전 안에서 소와 양과 비둘기 파는 사람들과 돈 바꾸는 사람들이 앉아 있는 것을 보시고 노끈으로 채찍을 만들어 그들을 성전에서 내어 쫓으시고, 돈을 바꾸는 사람들의 돈을 쏟으시며 상을 엎어 버리셨다. 그리고 "내 아버지집의 집으로 장사하는 집을 만들지 말라!"(요 2:16)고 책망하셨다. 사람들이 우상 앞에서 절하고 섬기는 것이나 혹은 하나님의 거룩한 성전을 더럽히고, 거룩한 성전에 어떤 우상이나 물건을 갖다 놓는 것은 하나님의 거룩성을 파괴하고 우상숭배하는 일이다. 이러한 것은 우상 박멸론을 통하여 정결케 해야 하며, 각종 우상들의 뿌리를 뽑아 버리고 초전박살을 내야 할 것이다.

그런데 여기에서 한 가지 언급해야 할 중요한 사실은, 주기철 목사의 일사각오 신학에서 우상 박멸론이, 일제강점기에 천조대신을 모신 신사에 참배하는 것과 가정에 가미다나 신상을 설치하는 것을 주요한 대상으로 삼았다는 것이다. 그러므로 오늘날 예수를 믿고 하나님의 자녀가 된 현대 한국 크리스천들은 교훈을 삼아야 한다. 만약 현대 한국 크리스천들이 하나님을 경외하는 일보다 다른 대상, 곧 돈과 명예, 권력 등을 절대시하고 이것들을 하나님보다 더 사랑하고 숭배한다면 우상 박멸론을 통하여 단호하게 부수어 버려야 할 것이다.

화란의 개혁주의 기독교 철학자인 헤르만 도이빌드(Herman Dooyeweerd)[123]는 "하나님에 의하여 창조된 우주 전체는 하나님이 제정한 15우주법으로 통치하고 있다. 즉 신앙(믿음), 윤리(사랑), 법조(판단), 심미(조화), 경제(저축), 사회(교통), 언어(상징적 의미), 역사(문화적 개발), 논리(사고), 심리(감정), 생물(생명), 물리(에너지), 운동(동작), 공간(위치), 수(계산)이다. 그런데 인간이 15우주법들 중에 하나를 절대시하고 전 우주와 인생을 해석하는 법칙으로 사용할 때에는 소위 '이즘'(ism, 주의)이라고 불리는 심리주의와 논리주의, 사회주의, 역사주의, 경제주의, 심미주의, 윤리주의 등이 생긴다. 이러한 것들은 상대적인 존재에 불과

---

[123] 헤르만 도이빌드(Herman Dooyeweerd)는 화란에서 출생하였으며, 화란 자유 대학교의 창시자 아브라함 카이퍼(Abraham Kuyper)의 추종자이다. 그는 칸트(Kant)의 순수이성비판을 재검토하고 카이퍼의 영역 자주권 사상을 취하였다. 그는 화란 자유대학교에서 기독교 철학의 기초가 되는 우주법 개념을 역설하였고, 대표적인 저서는 《우주법 개념철학》이다.

한 15우주법 중의 한 법을 절대화하고 신격화하는 사상들이다. 즉, 신에 대한 배도사상(apostate thought)이다"[124]라고 목소리를 높인다.

만약, 헤르만 도이빌드가 말한 인간의 모든 이즘, 즉 사상과 주의가 창조주 하나님보다 더 사랑과 섬김을 받을 때에는 물질주의와 황금만능주의, 권력주의와 명예주의 등이 인간의 우상이 되기 때문에 이러한 것들은 주기철 목사의 일사각오 신학에서 우상 박멸론의 주요한 타깃이 되어, 아낌없이 파괴되어야 할 것이다.

주기철 목사는 주님을 위해서 자신의 목숨을 바치는 일이 금전과 명예 혹은 아내와 자식들에 대한 사랑 때문에 소홀히 여겨지지 않을까 경계하였다. 그리고 아내 되는 오정모 사모 역시 남편 주기철 목사의 우상 박멸론적 신앙을 따라갔다. 비록 그가 남편을 진정으로 사랑하였지만, 남편이 주님을 위해서 목숨을 바칠 것을 오히려 희망한 것은, 남편보다 하나님을 더 사랑하고자 하였기 때문이다.

1940년 이른 봄 어느 날, 주기철 목사가 평양 유치장에서 잠시 풀려나와서 귀가하였을 때에 오정모 사모는 남편 주 목사를 향하여, "사흘 동안만 푹 쉬고 다시 유치장으로 들어가시오"라고 권면했다고 한다. 그 말을 옆에서 들은 80세가 되는 주 목사의 모친이 말하기를, "왜 자꾸 감옥으로 들어가라고 하노!"라고 하면서 섭섭하게 여겼다고 한다. 그때 오정모 사모는 다음과 같이 대답을 하였다. "제가 아무리 주 목

---

124) 박아론, 《기독교의 변증》 (서울: 기독교문서선교회, 1988), pp. 26-33.

사님을 사랑한다고 해도 예수님만큼은 사랑할 수 없지 않습니까."

주기철 목사의 일사각오 신학에서 우상 박멸론은, 역사적 복음주의 기독교가 믿어 온 창조주 여호와 하나님과 그의 진리의 말씀에 절대적인 권위가 있음을 믿는 사상이다. 그리고 기독교의 하나님 존재 외에 눈에 보이는 것이나 보이지 않는 어떤 존재를 절대화시키려는 인간의 사상과 행동, 생활을 규탄하고 정죄하는 사상이다.

창조주 여호와 하나님의 실재와 그의 진리의 계시 말씀을 절대적으로 믿고, 모든 인간적 권위와 작품들의 신격화를 규탄하였기 때문에 주후 190년 속사도시대의 이그나티우스(Ignatius) 감독은 얼굴에 미소를 띠면서 로마의 원형 투기장에서 사자의 밥이 되었다. 주후 165년 초대교회의 대표적인 변증신학자이며 순교자인 저스틴(Justin the Martyr)은 "나는 나의 구원을 위하여, 그리고 하나님의 심판대 앞에 기쁨으로 설 수 있기 위해서 죽는 것을 행복하게 생각한다"라고 말하면서 로마 관헌에게 목 베임을 당하였다.

사도 요한의 가르침을 직접 받았고, 기독교의 구원론에서 칭의 교리를 앞장서서 주장하였던 서머나의 폴리캅(Polycarp, Smyrna) 감독은 86세 고령인데도 불구하고 용감히 화형장에 들어가 자신의 몸을 불태우며 순교의 제물이 되었다. 당시 마르쿠스 아우렐리우스(Marcus Aurelius) 황제가 폴리캅을 향하여, "맹세하시오. 그러면 당신을 풀어주겠소. 그리스도를 비난하시오!"라고 말할 때에 폴리캅은 황제를 향하여 다음과 같이 외치면서 순교하였다.

"나는 86년 동안 주님을 섬겨 왔는데 그동안 그분은 한 번도 나를 부당하게 대우하신 적이 없습니다. 그런데 내가 어찌 이제까지 섬겨 온 나의 왕 그리스도를 모독할 수 있겠습니까?"[125]

2) 신앙 정조론

주기철 목사의 일사각오 신학의 첫 번째 사상은 '제1계명 제일주의'로서 신 존귀 사상과 우상 박멸론이다. 그의 두 번째 신학 사상은 '신앙 정조론'이다.

(1) 신앙 정조론은 한국 크리스천으로서 신앙 정조를 지키기 위하여 열정적으로 부르는 순결 찬가를 뜻한다.

일제강점기 말기에 주기철 목사가 자신의 목숨을 내어 놓고 신사참배 반대운동을 일으킨 것은, 자신의 신앙 순결을 지키며 동시에 한국교회의 순결을 지키기 위한 신앙 정조론 때문이다. 이것은 일사각오 신학의 첫 번째 사상인 제1계명 제일주의가 조직신학에서 신론이라면, 두 번째 신앙 정조론은 기독론적이다.

주기철 목사가 자유의 몸일 때나 옥중에 갇혀 있을 때에도 새벽기도에 열심자였던 것처럼, 대부분의 한국교회는 100년이 훨씬 넘도록 지금도 더울 때나 추울 때나, 1년 365일 하루도 쉬지 않고 새벽제

---

125) 박용규, 《초대 교회사》 (서울: 총신대학교 출판부, 1996), pp. 89-90.

단을 쌓고 있다.

새벽기도회 시간에 나타나는 새벽의 영성, 즉 신비함과 고요와 생기라는 특별한 영육적 요소들이 있다. 이미 앞장에서 말한 바와 같이 '신비'는 새벽기도회에 첨석하는 자로 하여금 전지전능하시고 지존자 되신 하나님 여호와의 거룩성 앞에 압도당하는 죄인의 모습을 보여준다. 그리고 이 죄인은 자신의 모습을 발견하며 뉘우치고 깨닫고, 회개와 신앙으로 하나님 앞에 헌신하고 바르게 살 것을 결단하면서 몸부림치는 모습이다. '고요'는 새벽기도회를 통하여 예수 그리스도의 십자가 사랑과 은총을 묵상하며 체험하는 것이다. '생기'는 새벽기도회를 통하여 예수 그리스도 안에서 새로운 피조물이 된 자아를 의식하며 체험하는 삶이다. 이 생기는 새벽기도회 참석자로 하여금 성령의 사역으로 인하여 날마다 하루의 낮시간 동안에 신국 건설(기독교 문화 창조)을 위하여 일할 수 있는 에너지와 능력을 공급받도록 돕는다.

특별히, 이 3가지 요소 중에 '고요'는 새벽기도회에 참석하는 자로 하여금 갈보리 십자가상의 예수 그리스도를 명상하고, 그의 대속적인 사랑과 은총에 대하여 감사하며, 예수 그리스도를 향하여 죽도록 사랑과 충성으로 살아가는 것을 결단하고 각오하게 만든다.

신약성경에서는 예수 그리스도를 신랑으로 비유하고, 그를 믿는 성도나 그의 몸 된 교회를 신부로 비유하고 있다. 그리고 성도와 교회는 신랑 되신 그리스도를 향하여 정결을 지킬 것을 교훈하고 있다. 사도 바울은 고린도 교회에 쓴 편지 가운데, "내가 너희를 정결한 처녀로 한 남편인 그리스도께 드리려고 중매함이로다"(고후 11:2)라고 하였다. 이와 같은 신앙 정조론은 신구약 성경 전체에서 흐르는 사상이기도 하다.

구약성경에서도 하나님과 이스라엘의 관계가 부부 관계로 묘사되었고(호 1:2-9), 신약성경에서는 그리스도와 교회와 성도를 부부의 관계로 더욱더 선명하게 가르치고 있다. 신랑과 신부의 관계로서 묘사되면서 존재하게 되는 신앙 정조론은 신부 되는 교회나 성도가 신랑 되는 그리스도를 향하여 몸과 마음의 순결을 지킬 것을 호소하면서 '순결 찬가'로 발전시킬 수 있다.

사도 베드로는 성도들에게 "주 앞에서 점도 없고 흠도 없이 평강 가운데서 나타나기를 힘쓰라"(벧후 3:14)라고 권면하였다. 사도 바울도 그리스도와 교회의 관계를 남편과 아내의 관계로 비유하면서 "티나 주름 잡힌 것이나 이런 것들이 없이 거룩하고 흠이 없게"(엡 5:27) 될 것을 가르쳤다. 요한계시록에서는 '어린양의 혼인잔치'에 관한 말씀이 기록되었는데, 이 어린양의 혼인잔치에는 빛나고 깨끗한 세마포를 입은 성도들이 참석하여 즐거워하며 기뻐할 것을 교훈하고 있다.

> "우리가 즐거워하고 크게 기뻐하며 그에게 영광을 돌리세 어린양의 혼인 기약이 이르렀고 그의 아내가 자신을 준비하였으므로 그에게 빛나고 깨끗한 세마포 옷을 입도록 허락하셨으니 이 세마포 옷은 성도들의 옳은 행실이로다"(계 19:7-8).

여기에서 '희고 깨끗한 세마포로 단장한 성도들'은 그의 이마에 어린양의 이름과 아버지의 이름을 새긴 14만 4천 명을 가리킨다. 그들은 여자와 더불어 더럽히지 아니하고 정절이 있는 자이며, 하나님과 어린양에게 속한 자들이며, 그 입에 거짓이 없고 흠이 없는 자들이다.

> "이 사람들은 여자와 더불어 더럽히지 아니하고 순결한 자라 어린양이 어디로 인도하든지 따라가는 자며 사람 가운데서 속량함을 받아 처음 익은 열매로 하나님과 어린양에게 속한 자들이니 그 입에 거짓말이 없고 흠이 없는 자들이더라"(계 14:4-5).

주기철 목사는 신약성경에 나타난 그리스도의 신부 되는 교회와 성도들의 흠이 없고 깨끗한 순결한 모습을, 그의 일사각오의 신앙 정조론 사상에서 순결 찬가에 접목시켜서, 일평생을 오직 예수 그리스도의 구속의 은총을 찬양하는 삶과 생애를 보냈다.

주기철 목사는 신사참배를 거절하고 앞으로 임박한 순교를 준비하면서, 자신을 흠이 없고 티가 없는 깨끗한 제물로 주님께 바치기를 염원하였다. 그 옆에서 남편 주 목사님을 지켜보던 아내 오정모 사모는 눈물겨운 목소리로, "나는 목사님이 깨끗하게 하나님의 제물로 바쳐지는 것을 기쁘게 생각합니다"라고 하면서, 사랑하는 남편이 하나님께 거룩한 제물로 드려지는 일을 함께 염원하면서 기꺼이 동참하였다. 정말 주기철 목사는 자기 자신을 그리스도의 신부로서 신랑 되시는 그리스도에 대한 신앙의 정조를 죽음으로써 지킬 것을 굳게 다짐하였다. 결국 주기철 목사는 일제 경찰에 의하여 7년간의 옥고를 치르고, 6-7차례의 구속 가운데 티나 주름 잡힌 것이나 흠이 없는 깨끗한 거룩한 제물로써 주님께 봉헌되었다.

이것이 바로 주기철 목사의 일사각오 생애 속에서 완성된 그리스도를 향한 순결 찬가가 아니고 무엇이었겠는가? 그때 사랑하는 남편 주기철 목사가 깨끗한 제물로 주님의 품으로 가신 것을 본 아내 오정모 사모의 심정은 어떠하였을까? 이 일에 대하여 한국교회의 한 크리스천 문학가는 다음과 같이 기록하고 있다.

> "이 순간을 맞이하기 위해서 긴 세월이었음을 생각할 때 감개무량했다. 기뻐하는 것이 옳은 것인지, 우는 것이 좋은 것인지 분간할 수 없었다. 그러나 영광스러운 승리를 기어코 하고야 만 것이다."[126]

(2) 신앙 정조론은 정몽주의 '임 향한 일편단심' 사상과는 다르지만 유사성이 많다.

주기철 목사의 일사각오 신학의 신앙 정조론은 그리스도와 교회와 성도를 신랑과 신부의 관계 속에서, 신부 되는 교회와 성도가 신랑 되는 그리스도에 대하여 순결한 사랑의 예찬을 보내는 교회론적인 사상이다. 주기철 목사의 신앙 정조론에는 그리스도를 신랑으로

---

[126] 김충남, op. cit., p. 187.

생각하고 그를 열애하는 크리스천의 '임 사랑'이 강하게 표현되고 있다. 한국적인 충(忠)의 이념을 보여주는 고려 말기 충신 정몽주의 '임 향한 일편단심' 사상과 유사한 점을 보여주고 있다.

정몽주는 고려의 문신으로 유학자, 정치가로서, 이성계와 함께 여진족을 토벌하고 공양왕을 추대하는 데 일등 공신이었다. 공양왕 3년에 당시 이성계 일파가 이성계를 왕으로 추대하려고 하였다. 그때 이성계의 아들 이방원은 새로운 나라의 창업에 동참하자는 뜻으로 '하여가'를 통하여 정몽주를 끌어들이고자 물었다.

"이런들 어떠하리 저런들 어떠하리
만수산 드렁칡이 얽혀진들 어떠하리
우리도 이같이 얽혀 백 년까지 누려보세."[127]

그러나 충신 정몽주는 고려의 신하로 남겠다는 '단심가'를 통하여 이렇게 화답하였다.

"이 몸이 죽고 죽어 일 백번 고쳐 죽어
백골이 진토 되어 넋이라도 있고 없고
임 향한 일편단심이야 가실 줄이 있으랴."[128]

---

127) 강혜원, 《한국 문학사 1》 (서울: 휴머니스트, 2012), pp. 204-205; 박을수, 《한국민족문화대백과》 (서울: 한국시가문학사, 1997).
128) Ibid.

이방원의 '하여가'는 새로운 나라 건설에 동참하자는 시였다면, 정몽주의 '단심가'는 끝까지 고려의 충신임을 보여주는 대표적인 시였다. 두 사람이 주고받았던 '하여가'와 '단심가'는 생과 죽음으로 갈렸다. 결과적으로 정몽주는 개성 선죽교에서 죽었고, 이방원은 두 차례 왕자의 난 후 조선의 설계자 정도전을 대역죄로 죽이고 조선의 3대 왕 태종이 되었다.

1939년 2월 5일 주일날, 평양 산정현교회에서 죄수복을 그대로 입은 채 주기철 목사는 강단에서 마태복음 5장 11-12절과 로마서 8장 18절, 31-39절을 봉독한 후 '다섯 종목의 나의 기도'라는 제목으로 마지막 고별 설교를 다음과 같이 하였다.

"첫 번째 나의 기도는 죽음의 권세로부터 이기게 하여 주시옵소서입니다. 두 번째, 나의 기도는 장시간의 고난을 이기게 하여 주시옵소서입니다. 세 번째, 나의 기도는 내 어머니와 처자를 내 주님께 부탁합니다입니다. 네 번째, 나의 기도는 의에 살고 의에 죽게 하시옵소서입니다. 다섯 번째, 나의 마지막 기도는 내 영혼을 내 주님께 부탁합니다입니다."[129]

주기철 목사의 고별 설교 가운데 네 번째 "의에 살고 의에 죽게 하시옵소서"에서 그는 다음과 같이 정몽주를 예화로 들었다.

---

129) 한국기독교성령100년사편찬위원회, 《한국기독교성령백년인물사Ⅰ》(서울: 쿰란출판사, 2009), p. 34; 길원필, 《한국교회 부흥의 밀알들: 갓피플 18》(서울: 도서출판 예루살렘, 2002), pp. 201-221.

"정몽주는 망하는 고려 나라를 위해서 선죽교에다 피를 뿌렸습니다. 이는 우리 선인들의 나라를 사랑하는 충의 대절이었습니다. 사람이 나라에 대한 의가 이러하거늘, 하물며 그리스도인이 되어 주님을 향한 일편단심은 변할 수 없습니다."[130]

이것은 구약시대에 바벨론 느부갓네살 왕이 신상을 만들어 모든 백성들에게 그것을 섬기고 절하라고 명령할 때 다니엘의 세 친구가 신앙의 절개를 지켰던 사건과 같다. 당시 왕은 신상을 섬기지 않고 절을 하지 않은 사드락과 메삭과 아벳느고를 잡아서 결박하여 극렬히 타는 풀무불 가운데 던졌다. 또한 왕 이외에 다른 신에게 기도하지 말라는 다리오 왕의 명령을 어긴 다니엘을 사자굴 속에 던져서 맹렬한 사자의 밥이 되도록 했다. 그러나 다니엘은 하나님께 일편단심의 신앙을 굳게 가지고 죽음의 위기를 극복하며 승리하였다.

신약시대에 예수님의 부활 사건 이후 제자 베드로가 십자가를 거꾸로 지고 로마로 달려간 것이나, 스데반 집사가 돌에 맞아 죽는 순간까지도, "주 예수여 내 영혼을 받으시옵소서 하고 무릎을 꿇고 크게 불러 이르되 주여 이 죄를 그들에게 돌리지 마옵소서"라고 외치면서 순교한 것은 주님을 향한 일편단심 신앙의 결과인 것이다.

이처럼 신하 정몽주는 왕을 향하여 충절을 흠모하다가 죽은 '충의 죽음'이라면, 주님의 종 주기철 목사는 그리스도를 향하여 순결

---

130) 김충남, *op. cit.*, pp. 208-211.

을 지킨 '순교의 죽음'이었다. 그리고 정몽주와 주기철 두 사람 사이에는 여러 유사한 점이 있다. 두 사람의 태생은 모두 다 경상도인데 정몽주는 영천에서, 주기철은 창원에서 출생하였다. 두 사람의 죽음도 모두 다 이북인데 정몽주는 개성에서 최후를 마쳤고, 주기철은 평양에서 순교하였다. 두 사람은 최후의 순간까지 고군분투하면서 일편단심 자신의 신앙과 절개를 지키다가 숨을 거두었다.

신하 정몽주의 '임'은 '나라님'이었고, 이것은 마지막으로 꺼져가는 고려의 국운을 상징하는 공양왕을 가리킨다면, 주기철 목사의 '임'은 살아 계신 하나님의 독생자이시며, 모든 인류의 구세주가 되시고 교회의 머리와 신부 되는 성도들의 신랑이 되신 예수 그리스도를 의미한다. 그리고 정몽주의 '나라님'에 대한 충의 대절과 주기철의 '신랑 되신 주님에 대한 열애'는 '일편단심'이라는 네 글자로 표현할 수 있다.

평양 산정현교회에서 주기철 목사는 마지막 고별 설교 네 번째 제목에서 울부짖으며 다음과 설교하였다.

"스데반은 돌에 맞아 죽고, 베드로는 십자가에 거꾸로 달렸습니다. 그리스도의 신부는 다른 신에게 정절을 깨뜨리지 못합니다. 그리스도의 신부는 일본 신사에서 절하지 못합니다. 이 몸이 어려서부터 예수 안에서 자라났고 예수께 헌신하기로 열 번, 백 번 맹세하였습니다. 아! 내 주 예수의 이름이 땅에 떨어지는구나! 평양아! 평양아! 예의 동방의 예루살렘아! 영광이 네게서 떠났도다. 모란봉아 통곡하라! 대동강아, 천백세에 흘러가며 나와 함께 울자! 이 내 목숨 주님께 드리리라. 칼날이 나를 기다리느냐? 나는 칼날을 향하여 죽고 죽어 일백 번 다시 죽어도 주님 향한 대의 정절 변치 아니하겠습니다. 십자가! 십자가! 주님 지신 십자가 앞에 이 몸 드립니다. 예수께 향한 의를 버리고 산다는 것은 개, 짐승의 삶만도 못합니다. 여러분! 예수님은 살아 계십니다. 예수로 죽고 예수로 삽시다."

"오! 주님 예수여, 내 영혼을 주님께 부탁드립니다"[131]라고 흐느낄 때에 그의 설교와 그 흐느낌을 듣고 본 사람치고 어느 누가 선죽교에서 울부짖던 정몽주의 단심가를 생각하지 않을 수가 있겠는가?

그리고 주기철 목사가 평양 형무소 병감에서 마지막 숨을 거두기 며칠 전에, 면회를 온 그의 부인 오정모 사모를 만나서 "어머니를 부탁하오!"라고 유언을 남기던 그 장면은, 자기 자신이 곧 죽임을 당하게 될 것을 잘 알면서도 '임 향한 일편단심' 때문에 일사각오하고 부인과 두 아들에게 "충효를 숭상하는 가정이니 조금도 낙심 말라"는 유언을 남기고 선죽교로 향하던 정몽주의 모습을, 오늘날 한국 근대사에 와서 분명히 재현한 것으로 우리에게 느끼게 하는 것이다.[132]

진실로, 한국교회가 낳은 위대한 순교의 종 주기철 목사를 가리켜서 한국교회의 정몽주라고 할 수 있고, "모란봉아 통곡하라 대동강아

---

131) 길원필, *op. cit.*, pp. 217-218.
132) 인물한국사 편찬위원회, 《인물한국사 고려 II》 (서울: 박우사, 1965), pp. 386-386.

천백세 흘러가며 나와 함께 울자!" 하고 외치던 주기철 목사의 울부짖음은, "이 몸이 죽고 죽어 일백 번 고쳐 죽어 백골이 진토 되어 넋이라도 있고 없고 임 향한 일편단심!"이라고 시를 읊으며 임 향한 일편단심을 맹세하던 정몽주를 회상케 하는 장면이다. 정몽주가 선죽교에서 흘린 피는 고려의 후손인 주기철 목사가 그의 신앙 정조를 지키기 위하여 일제와 투쟁하며 신사를 반대하며 한국의 예루살렘인 평양에서 흘린 순교의 피와 연결되었다고 볼 수 있다. 그래서 정몽주를 고려시대의 주기철이라 하고, 조선총독부 시대의 주기철을 일제강점기의 한국교회가 낳은 정몽주라 부른다면 그 누가 반대할 것인가?

또 다른 한편, 일부 신학자들은 정몽주는 예수 그리스도를 전혀 알지 못하는 공자의 사상을 가진 유학자이기에, 전혀 다른 기독교의 신앙에 투철하였던 주기철 목사의 신학사상과 유사하다고 하는 것은 언어도단이라고 비평할 수 있다. 그러나 정몽주의 나라에 대한 충의 사상과 주기철 목사의 예수 그리스도에 대한 사랑과 열애는 그 대상은 비록 달랐을지라도, 이 두 사람이 가졌던 고상하고 심오한 일편단심은 서로 유사한 전 인격적인 정신적 상황을 의미하고 있다.

마지막으로, 정몽주의 왕을 향한 '임 향한 일편단심'과 주기철 목사의 신랑 되신 주님을 향한 기독교적 '임 향한 일편단심'은 각각 무엇이 다른가? 전자가 동양의 윤리 질서의 테두리 속에 존재하는 충의 관념에 충실하고자 하는 윤리적이고 도덕적인 스토아적 강한 의지와 사랑에서 나온 것이라면, 후자는 기독교 계시의 진리 속에서 예수 그리스도에 대한 강한 의지와 아가페적 뜨거운 사랑에서 나온 것이라고 분석할 수 있다.

　여기에서 오늘날 현대 크리스천들에게 주는 교훈은 무엇인가? 우리가 한국의 고전적인 인물들을, 예수 그리스도와 기독교의 하나님을 알지 못하였던 옛날 사람들이라고 하여 크게 차별하는 것은 잘못이다. 물론, 그들에게는 예수 그리스도를 알지 못하여 믿지 못했기 때문에, 성경이 가르치는 '구원의 은혜'는 없었다는 것이 사실이다. 그러나 그들도 기독교의 하나님의 보통의 섭리 속에서 살았고, 그들도 하나님의 일반 은혜를 누리면서 살았음을 성경이 가르치는 대로 우리는 인정해야 할 것이다.

　한 걸음 더 나아가서, 한국교회의 세계적인 기독교 순교자 주기철 목사를 한국 역사 속에서 지금도 '충성의 상징'으로 한국인들에게 기억되는 정몽주 선생과 비교함은 매우 당연한 일이다. 주기철 목사가 순교하신 평양 형무소 병감과 정몽주 선생이 피 흘려 쓰러지신 선죽교와의 차이점이 있다면, 전자는 예수 그리스도의 십자가를 가까이하였고, 후자는 예수 그리스도의 십자가를 멀리 떠나 있었다는 것이다.

제8장

한국 새벽기도회 열심자 조만식 장로의 신학과 영성
(삼천리반도 금수강산 신학/애국헌신 영성)

1. 조만식 장로의 영성과 삶[133]

　조만식(1883-1950)은 평양에서 한학자이며 선비 조경학의 독자로 출생하였다. 그는 친구 한정교의 권유로 기독교 교인이 되었다. 그는 오산학교를 졸업하고 일본으로 건너가서 메이지 대학교 법학과를 졸업하였다. 특별히, 안창호의 영향을 많이 받아 대한민국 독립을 위하여 일하기로 결심하였다. 한국 근대사와 한국 기독교 역사적인 측면에서 본다면, 조만식은 정말 큰 거목이요 위대한 인물로

---

133) 안재도, 《50인 영성인물사》, pp. 150-153.

서, "한국의 간디"(Korea's Gandhi)라고 불리고 있다. 그리고 오늘날 국제적으로 높아진 대한민국의 위상을 감안할 때에 '모한다스 간디'(Mohandas Gandhi)가 '인도의 조만식'이었다고 말할 수 있겠다. 조만식은 평양 산정현교회의 장로이며 민족운동가, 교육가, 그리고 순교자이다.

1) 독립운동

조만식 장로의 첫 번째 영성은 '독립운동'(Independence movement)[134]이다. 그는 서울 지역을 중심으로 한 남쪽과 평양 지역을 중심으로 한 북쪽에서, 혹은 예수를 믿는 사람들과 믿지 않는 사람들 사이에서 가장 존경받았던 위대한 정치적 인물로서 한국 근대사를 인격적으로 대표할 수 있는 인물이다.

친구의 소개로 기독교에 귀의한 조만식은, 마치 거짓말처럼 그토록 좋아하던 술과 담배를 하루아침에 두부 자르듯이 단칼에 끊었다. 조만식은 숭실학교 재학 중에 안창호의 연설을 듣고 크게 감명을 받아, 조국을 위하여 무엇인가 해야겠다는 생각을 가지고 일본으로 건너가 법학을 공부하였다. 한국으로 돌아온 이후, 오산학교 설립자 이승훈의 초청과 절대적인 신임 아래 교사로부터 출발하여 교장으로 취임하게 되었다. 교장 조만식은 철저한 대한민국의 민족사상과 교육을 가르치면서 인재들을 양육하였고, 3·1 독립만세 운동

---

134) 고무송, 《별처럼 밀알처럼》 (서울: 쿰란출판사, 2007), pp. 206-211.

을 위하여 뒤에서 적극적으로 지원하였다. 이로 말미암아 그는 일본 경찰에 붙잡혀서 1년 동안 옥고를 치렀다.

또 38세 때에는 평양 YMCA 총무가 되어서 10년 동안 전 생애 가운데 가장 활발하게 사회활동을 많이 하였다. 39세 때에는 평양 숭인중학교 교장으로 취임하여 민족교육과 독립운동을 하다가 6·10만세 사건에 연루되어 1년 동안 다시 옥고를 치렀다. 40세에는 민족운동 단체인 '신간회'에 가입하여 평양 지부장을 맡아 활동하다가 일제의 탄압으로 4년 만에 해체를 당하는 아픔을 가졌다. 47세 때에는 관서 체육회를 조직하여 청소년들에게 민족의 용기와 사기를 심어 주었고, 49세 때에는 당시 경영난으로 어려움을 겪고 있던 조선일보 사장에 취임하여 조병옥, 방응모와 함께 민족 언론을 육성하는 데 크게 공헌하였다.

이뿐인가? 조만식 장로는 일본 유학 시절에는 동경 한인교회를 설립하여 전도사와 같은 위치에 있는 초대 영수로서 하나님의 말씀을 전하며 민족사상을 가르쳤고, 조선 독립운동의 당위성을 가르쳤다. 평양 산정현교회의 장로로서 조만식은 자신이 교사 시절에 가르쳤던 학생인 주기철 목사를 장대현교회에 청빙하여 복음전파와 독립운동에 앞장서서 일하였고, 일본 신사참배를 거부하고 '일사각오'의 믿음을 가지고 끝까지 투쟁하였다. 이로 말미암아 주기철 목사는 순교하였지만, 조만식 장로는 조선건국준비위원회 평안남도 조기위원장을 맡아서 김일성과 대항하여 계속적으로 싸웠다. 그러나 북한 공산주의자들은 기독교 민족주의자인 조만식 장로를 가만히 두지 않았다. 마침내 그는 6·25사변이 일어나던 해 10월에 북한 공산군에 의하여 순교를 당하였다.

2) 물산장려운동

조만식 장로의 두 번째 영성은 '물산운동'(movement of local products)[135] 혹은 '물산장려운동'(korean-made products encourage movement)이다. 이 운동은 무엇인가? 3·1 운동 직후 전국적으로 조선 말기 대한제국을 대한민국으로 건국하여 애국하자는 민족운동이었다. 그리고 이 운동의 본질은 조선인들은 조선이 만든 물건들만 사용하면서 경제부흥을 일으켜 조선 민족의 독립을 쟁취하자는 '애국운동'이었다.

당시 '국채보상운동'은 서상동, 김광제가 중심이 되어 지방에서부터 시작하여 전국적으로 노동자들이 담배를 끊고 그 돈을 모아서 국채를 보상하자는 운동이었다. 그리고 '물산운동'은 조만식 등을 중심으로 하여 50여 명의 기독교 지성인들이 평양에 모여서 전국적으로 일으킨 민중운동이었다. 이 운동은 처음에는 금주와 금연운동에서 시작하여 절제운동과 국산품 애용운동으로 이어졌다. 계속하여 '폐창운동', 즉 창녀촌을 없애고 사회악을 제거하자는 것이었다. 나중에 가서는 여성해방운동을 비롯하여 덴마크 식 협동조합과 농촌운동과 사회개발운동으로 확대되어 전국적으로 전개되었다.

---

135) *Ibid.*

먼저, 물산운동은 조선 기독교 지도자들과 지식인들이 앞장서서 실천하였다. 조만식은 친히 말총 모자를 쓰고 다녔고, 평생토록 한복을 즐겨 입었다. 스스로 국산품을 애용할 뿐만 아니라 국산품을 사용해야 한다고 호소하였다. 이 운동을 통하여 얻어지는 재정은 민족자본으로써 민족대학을 설립해야 한다고 주장하였다. 이때부터 주위에서는 조만식을 "조선의 간디"라고 부르게 되었다.

한국 현대사에 나타난 위대한 민족운동가 조만식은 대한민국 독립과 한국 기독교를 위하여 한 알의 밀알처럼 순교의 제물이 되었다. 1975년 '고당 조만식 선생 기념사업회'가 조직되어 매년 그의 생일 2월 1일에 '고당의 날 기념예배'를 드리고 있으며, 동년에는 서울 어린이대공원에 '조만식 동상'이 건립되었다. 그리고 대한민국 최고 훈장 국장이 추서되었다.

2. 조만식 장로의 삼천리반도 금수강산 신학

한국 초대교회의 새벽기도 열심자 3인방 중에 한 사람인 조만식 장로의 영성은 '기독교 교육 우선사상'과 '독립운동'이며, 그의 신학은 '삼천리반도 금수강산 신학: 애국헌신 영성'이다. 이것은 새벽기도 중심 예배에 존재하는 3대 특징적인 요소들 가운데 하나인 '생기'를 통하여 오는 결과로써, 예수 그리스도 안에서 새로운 피조물이 된 인간이 지상에서 그리스도의 문화를 창조하고 하나님 나라를 위하여 땀을 흘려 세우고자 하는 '문화 창조의 신학'이요, '신국 건설의 신학'이다.

조만식 장로는 산정현교회의 수석장로로서 담임 주기철 목사의 새벽기도 영성을 전수받은 새벽기도의 사람이다. 그는 새벽 시간에 주시는 하나님의 은혜와 사랑과 성령의 충만한 생기를 통하여 삼천리반도 금수강산 신학을 그의 삶 속에서 구현하였다. 삼천리반도 금수강산 신학은 무엇인가?

1) 기독교 교육 우선 사상

조만식 장로의 '삼천리반도 금수강산 신학'은 '무저항 애국주의'이며, 그 형태는 '기독교 교육 우선 사상'이다. 그리고 그의 영성은 독립운동과 물산장려운동이다.

조만식 장로는 기독교 교인으로서 국가와 민족을 위하여 애국하는 길은 무엇보다도 먼저 기독교 교육을 통하여 기독교적인 양심과 신앙심을 가진 영재를 길러서 조국을 위하여 일하는 데 있다고 생각하였다. 일찍이 24세 때에 청년 조만식은 미국 북장로교 선교부가 경영하던 기독교계 학교인 평양 숭실학교에 입학하여 기독교 교육을 받았으며, 기독교에 입신하였다. 조만식은 일본에서 메이지 대학교 법학과를 졸업하고, 귀국 후 평북 정주에 있는 오산중학교에서 청년 교사로 교단에서 가르치기 시작하여 평양 숭인중학교 교장직에서 물러나기까지 약 15년을 기독교 육영사업에 몸바쳤다.

조만식 장로는 일제강점기에 신음하는 한민족에게 한 가닥 희망과 빛을 안겨다 주는 길은 바로 기독교 교육을 통하여 인재를 양성하고, 그들을 삼천리반도 금수강산을 위하여 일하는 일꾼으로 만드는 길밖에 없다고 생각하였다.

조만식 장로의 무저항 애국주의의 첫째 기둥이 되는 기독교 교육 우선 사상은 무엇인가? 기독교는 정치에 직접 참여하지 않고, 각 개인들을 기독교 교육으로 거듭나도록 하고 성숙한 인격으로 만들어서, 그들이 정치에 참여하도록 하는 것이다. 이러한 것은 역사적 칼빈주의적 교회 정치관이다. 즉, 기독교 교육을 통한 간접적 정치참여 사상이다.

존 칼빈(John Calvin)에 있어서 교회와 국가의 관계는 그 임무와 기능이 서로 다르다. 하나님의 말씀이 교회와 국가의 공동 기초가 되므로 다 같이 신적인 권위를 가지고 있어서 어느 한쪽이 다른 한쪽을 지배해서는 안 된다는 사상이다. 교회와 국가를 협력 관계로 이해해야 한다. 교회와 국가 두 체제는 사람의 눈으로 비유할 수 있다. 한쪽 눈이 상처를 입으면 다른 쪽 눈도 고통을 받는 것과 같다. 교회와 국가는 다 함께 도덕심을 높여서 하나님의 나라가 발전되도록 직접 참여해야 한다. 국가는 하나님께서 위탁하신 것이므로 교회의 사명과 본질적으로 다를 바가 없다. 국가는 교회의 교리와 예배 형식을 보호하고, 사회질서와 조화를 이루고, 교회의 준법정신을 가르치며 평화를 이룩하도록 힘써야 한다. 그리고 교회는 영혼 구원을 위해서 봉사하고 힘써야 한다.[136]

---

136) Calvin, *Institutes*, Ⅳ, XX, 2-7, pp. 1487-1492; 정성구, 《칼빈주의 사상대계》(서울: 총신대학교 출판부, 1995), pp. 254-257.

조만식 장로는 총과 검으로 일제에 항거하는 것보다는, 민족을 기독교 진리로 교육하는 것이 진정으로 애국하는 길이라고 생각하였다. 기독교 교육을 받은 기독교 인재들이 정치를 비롯하여 경제, 문화와 사회의 모든 분야에서 일을 하고, 그들이 기독교 정치인으로서, 기독교 경제인으로서, 기독교 문화인으로서 삼천리반도 금수강산을 위해 일하여 조국과 민족을 하나님의 뜻대로 새롭게 변화시키고, 발전 부흥을 시켜야 한다고 생각하였다.

이러한 조만식 장로의 기독교 교육 우선 사상의 지도 아래, 청년 주기철은 스승 조만식 장로의 교훈과 가르침을 받아서 마침내 한국교회가 낳은 세계적인 목회자요 순교자가 되었다. 여기서 주기철의 학창 시절의 한 모습을 다음과 같이 소개하겠다.

"기철은 남강이 옥중에 들어간 후에 입학해서 만 1년 동안 오산에서 공부를 했다. 그동안 이광수 선생을 마음으로 의지하다가, 그가 세상을 떠나고 나서는 조만식 선생을 의지하면서 점차로 하나님을 의지하는 학생으로 자라나기 시작하고 있었다."[137]

새찬송가 580장과 통일찬송가 371장 '삼천리 반도 금수강산'은 남궁억 선생[138]이 나라와 민족을 사랑하는 애국심을 가지고 하나님의

---

137) 김충남, op. cit., p. 65.
138) 남궁억(1863-1930) 선생은 독실한 기독교인이며 교육가이자 독립운동가이다. 그는 1898년 〈황성신문〉을 창간하면서 독립운동을 일으켰고, 1903년 기독청년회(YMCA) 대표로서

일꾼, 즉 "추수할 것은 많되 일꾼이 적으니"(마 9:37)라는 말씀을 생각하면서 작사한 것이다. 이것은 안익태의 애국가와 같은 찬송가라고 불리고 있다. 이 얼마나 애절하고 박진감이 넘치는, 하나님과 조국 조선을 향하여 찬양하는 찬송가였던가?

삼천리 반도 금수강산 하나님 주신 동산
삼천리 반도 금수강산 하나님 주신 동산
이 동산에 할 일 많아 사방에 일꾼을 부르네
곧 이날에 일 가려고 그 누가 대답을 할까
일하러 가세 일하러 가 삼천리 강산 위해
하나님 명령 받았으니 반도강산에 일하러 가세

위의 찬송가는 기독교 교인이었던 남궁억 선생이 작사한 것으로, 찬송가 가사의 내용대로 조만식 장로의 삼천리반도 금수강산적인 생애와 삶을 그대로 묘사하고 있다.

일찍이 네덜란드 암스테르담에 소재한 유명한 기독교 계통의 자유대학교(Free University, Amsterdam)의 설립자이며 네덜란드 수상을 역임한 개혁주의 신학의 대표적인 인물 아브라함 카이퍼(Abraham Kuyper)[139]는 '영역 자주권 사상'(sphere sovereignty)을 기초하여 기독

기독교 청년운동과 사회계몽운동에 앞장섰다. 이후 1918년 고향 강원도 홍천에서 자기의 재산을 바쳐서 예배당을 짓고 '무궁화동산 꾸미기운동'을 전개하면서 "삼천리 반도 금수강산 하나님 주신 동산"이라는 시를 지었다. 이 노래가 오늘날 찬송가로 채택되어 한국교회에서 불리고 있다; Ref. 기독교문사, 《기독교 대백과사전》 3 (서울: 기독교문사, 1982), p. 420.
139) 아브라함 카이퍼(Abraham Kuyper, 1837-1920)는 네덜란드 수상을 역임한 정치가요, 칼

교 학교 운동을 일으켰다. 이것은 골로새서 2장 10절에 "그리스도는 모든 통치자와 권세의 머리시라"는 말씀에 기초하여 정치와 종교, 교육 등의 모든 영역은 예수 그리스도를 머리로 하여 존재해야 하고, 다른 영역의 권리와 자유를 침해함이 없이 자주적으로 존재해야 한다는 사상이다.

아브라함 카이퍼는 167센티미터의 작달막한 키에 지칠 줄 모르는 열정을 가지고, 하나님 나라와 예수 그리스도의 몸 된 교회를 위하여 모든 분야에서 혼신의 힘을 쏟으면서 하나님의 영광을 위하여 살았다. 그는 인본주의 사상을 배격하고 네덜란드 하원의원으로부터 시작하여 종신 상원의원과 수상을 지내면서 칼빈주의적 정치를 실현하는 데 크게 공헌하였다. 이렇듯 그는 근대 역사적 개혁주의 사상과 신학의 정상을 차지하였던 사람이다.

특별히 아브라함 카이퍼는 인본주의적이고 무신론적 학문 운동의 아지트였던 네덜란드 국립대학에 대항하여 성경적이고 신본주의적인 칼빈주의 사상에 기초하여 기독교 자유대학교(Free University)를 설립하고 총장으로 취임하였다. 그는 '하나님의 영역 주권 사상'에 근거하여 어린 학생들에게 하나님에 대한 신앙심을 넣어 주고, 그리스도의 구원론적 진리를 가르치는 교육을 주장하였다. 기독교 대학뿐만 아니라 유치원에서부터 시작하여 초등학교, 중고등학교,

---

빈주의 신학자이다. 그는 '영역주권사상', 즉 모든 크리스천은 예수 그리스도의 십자가의 은혜로 구원받은 후, 그들의 삶 전체를 하나님의 영광과 주권을 위해서 살아야 한다고 하였다. 그의 생애는 한마디로 코람데오(Coram Deo: 하나님 앞에서)의 삶이었다.

실업전문학교와 대학교에 이르기까지 기독교 학교 건립 운동을 해야 한다고 주장하였다. 만약 그리스도를 인정하지 않는 교육을 한다면 그것은 진정으로 참된 교육이라고 말할 수 없다고 단언하였다.

이와 반대하여, 북미합중국의 비기독교적인 인본주의 교육학자 존 듀이(John Dewey)[140]는 휴머니즘(humanism)적인 교육방법을 주장하였다. 이것은 인간 자신에 대한 신앙과 그의 사회성을 개발하는 데 목적을 두고 있다. 즉, 비기독교적인 진화론적 무신론 교육이었다. 1961년 미국 연방 대법원에서는 휴머니즘을 하나의 종교로 인정하였고, 1933년에 제1휴머니스트의 선언과 1973년에 제2선언문이 채택되었다. 이 문서에는 신학과 교육, 철학 등 여러 분야에 유명한 학자들이 서명하였고, 종교적 휴머니즘의 내용으로써 다음과 같이 기록되어 있다.

"즉, 우주는 스스로 존재하고 창조되지 않았다는 것이다." 이 주장은 "전능하사 천지를 만드신 하나님 아버지를 내가 믿사오며"라는 사도신경 첫 부분과 대조를 이루고 있다. 제2의 선언 내용들은 휴머니즘 주장이 단순한 사회적, 정치적 신조가 아니라 궁극적으로 자연과 인간의 운명에 대한 종래의 종교적 입장을 반대하는 서약이라는 사실을 밝혀 둔다. 그 요점을 일곱 가지로 요약해 보면 다음과 같다.

---

140) 존 듀이(John Dewey, 1859-1952)는 미국의 교육학자와 심리학자로서 임마누엘 칸트(Immanuel Kant)의 순수이성비판에 영향을 많이 받았으며, 존스 홉킨스대학교(Johns Hopkins University)에서 〈칸트의 심리학〉이라는 논문으로 철학박사를 받았다. 그는 영국의 경험론과 다윈의 진화론을 결합한 실용주의적인 진화론적 교육관을 부르짖었다.

1. 휴머니즘은 인간의 권리와 진보에 대해서 진화론적 해석을 지닌다.
2. 휴머니즘은 과학적 방법만이 인간 관심의 모든 영역에 적용될 수 있고, 진리를 결정하는 유일한 방법이라고 믿는다.
3. 휴머니즘은 그것의 가치들이 인정받는 문화에만 근거를 가진다.
4. 휴머니즘은 인간 중심적이고 자연주의적 견해를 확고히 한다.
5. 휴머니즘은 개인주의 윤리를 확고히 한다. 개인적 가치를 공동체 행동 기준보다 우선한다.
6. 휴머니즘은 주어진 사회에서의 가치는 대체로 주어진 환경에 의해서 결정된다는 문화적 결정론을 확고히 한다.
7. 휴머니즘은 인간의 타고난 선과 완전성을 믿는다."[141]

오늘날, 존 듀이의 하나님이 없는 인본주의적이며 무신론적인 휴머니즘 교육철학의 영향을 받아 인재양성을 하고 있는 많은 학교들은 과연 어떻게 될 것인가? 이러한 상황 속에서 우리는 조만식 장로의 하나님의 진리 말씀과 예수 그리스도를 머리로 하는 '기독교 교육 우선사상!을 가지고, 기독교 학교 건립에 앞장서야 할 것이다. 그리고 앞으로 더 나아가서, 한국교회에서나 혹은 전 세계적으로나 기독교 학교 건립 운동을 전개하는 일은 그의 교육사상을 본받아서 새로운 비전과 영감을 가져야 할 것이다.

---

141) 정성구, 《칼빈주의 사상대계》, pp. 236-237.

2) 민족적 동고동락 사상

조만식 장로의 삼천리반도 금수강산 신학의 두 번째 강력한 메시지는 '민족적 동고동락 사상'이다. 이것은 무저항적이며 비폭력적인 애국을 받들어 주는 둘째 기둥이다.

한국의 간디로 불리는 조만식 장로는 인도의 간디처럼 평생 동안을 일본 식민지 통치 하에서 고난과 박해, 착취와 수탈에 신음하며 민족적인 고난을 친히 겪었다. 조만식 장로는 그 누구보다도 민족적 고난 참여의식이 강하였다. 일본 동경에서 메이지 대학교를 졸업한 후 고국으로 돌아와서 소련군에게 많은 박해와 고통을 당하였다. 그러나 그는 조국을 떠나지 않고 끝까지 백성들과 함께 고난을 당하면서 무저항으로 견디고, 공산주의와 맞서 싸웠다. 그때 상황을 다음과 같이 기록하고 있다.

> "일본에 합병된 조국의 땅에 돌아온 이래 암담했던 일정 하에서 한 발자국도 떠나지 않았던 그였다. 구구하게 일신의 생명을 부지하려고 이 슬픔과 치욕의 땅을 떠날 수도 없었다. 해방되었다는 이 땅, 평양의 비좁은 숙사에서 그는 또 한 번 색다른 지배자에 대하여 무저항의 저항을 홀로, 그리고 무한정 계속해야만 했다."[142]

---

142) 인물한국사 편찬위원회, *op. cit.*, p. 300.

알렉산드르 솔제니친(Aleksandr Solzhenitsyn)은 러시아가 낳은 세계적인 소설가요 민족주의자이며, 1970년 노벨 문학상을 받았다. 솔제니친은 소련군 장교로서 공산주의 혁명가 스탈린(I.V. Stalin)의 분별력을 의심하는 내용을 담은 편지 한 장을 친구에게 보내었다는 이유로 투옥되었다. 또한 그는 "공산주의는 아직도 치료할 수 없는 최악의 미치광이 병이라"고 비판하기도 하였다. 그리고 스탈린 시대에 강제노동수용소에서 〈연옥 1번지〉라는 글을 저술하였다. 솔제니친은 소련 당국으로부터 강제 추방되기까지 오직 조국을 사랑하며 소련을 떠나지 않고 민족적인 고난에 참여하며 살았다.

솔제니친이 조국 러시아를 사랑하고 민족적인 고난에 함께 참여하여 일평생을 보낸 것같이, 한국이 낳은 민족적 지도자인 조만식 장로도 민족적 동고동락 사상을 가지고 한국 민족과 함께 박해를 당하며 고난을 받았다. 그래서 우리는 조만식 장로를 "한국의 솔제니친"이라고 부를 수 있을 것이다.

주전 626년경, 구약시대 요시야 왕 때에 예레미야는 하나님의 부르심을 받아 선지자가 되었다. 그는 약 40년 동안 유대 왕국의 마지막 다섯 왕을 모시면서, 앞으로 닥쳐올 조국의 패망과 유대 민족의 고통을 예언하며 하나님의 심판을 선포하였다. 다른 한편으로 예레미야 선지자는 유대 민족의 한 사람으로서 유대의 민족적 비극과 고난을 생각하면서 뜨거운 눈물을 흘렸다.

"어찌하면 내 머리는 물이 되고 내 눈은 눈물 근원이 될꼬 죽임을 당한 딸 내 백성을 위하여 주야로 울리로다"(렘 9:1).

이와 같은 예레미야의 눈물의 절규는 민족의 고난에 두 차례씩이나 참여하고 경험한 조만식 장로의 심경과 너무나 흡사한 장면이다. 정말 예레미야 선지자가 유대 민족에게 '눈물의 종'이라면, 조만식 장로는 한국 민족에게 '눈물의 종'과 같았다.

오늘날 조국 대한민국을 떠나서 해외로 이민 가서 살고 있는 사람들이 많다. 그들 중에는 예수를 믿지 않는 사람들도 있지만 기독교 교인들이 다수를 치지하고 있다. 부정적인 측면에서 본다면, 이민 간다는 그 사실은 자기 혼자 또는 자기 가정과 친척만이 해외로 나가서 그곳에서 미래의 행복된 삶을 추구한다면, 이는 비애국적인 개인주의가 될 수 있다.

긍정적인 측면에서 본다면, 대한민국 국민들이 국토 면적이 작은 땅덩어리에서 사는 것보다, 광활한 지구촌 땅들을 찾아가서 그곳에서 열심히 땀 흘리며 생활하고, 조국을 향하여 다니엘처럼 기도하며, 애국심을 가지고 성실히 일하면서 하나님의 영광을 위하여 사는 삶이라고 할 수 있겠다.

> "윗방에 올라가 예루살렘으로 향한 창문을 열고 전에 하던 대로 하루 세 번씩 무릎을 꿇고 기도하며 그의 하나님께 감사하였더라"(단 6:10).

미국의 루이스빌 장로회 신학교(Louisville Presbyterian Theological Seminary, Kentucky) 종교철학 교수 샘 킨(Sam Keen)은 소위 '디오니소

스 신학 선언'(manifesto for a Dionysian theology)을 하고 이 운동을 일으켰다. 이 운동은 과거 기독교 신학 2000년사에 나타난 모든 신학 사조를 규율과 질서와 조화, 그리고 절제와 극기를 그 미덕으로 사는 "숨 막힐 것 같은 합리주의적 아폴로 신학(Apollonian theology)"이라고 비판하였다. 그리고 이 운동은 고대 희랍 신들 중에서 아폴로(Apollo)보다는 디오니소스(Dionysus)를 모델로 하여 혼돈과 황홀과 도취를 그 특색으로 삼는 웃음과 노래와 춤의 신학, 즉 '디오니소스 신학'이다.[143]

디오니소스 신학은 인간의 가장 원초적인 경험과 태도, 즉 사랑과 황홀과 희망과 절망 등으로 돌아가서 인간의 본래적 의식 속에서 '자기 발견'을 모색하는 신학이다. 이 신학은 눈물보다는 웃음을, 이성보다는 낭만을, 그리고 청렴과 절제보다는 음주와 노래와 춤을 추천한다.

여기에서 디오니소스 신학의 신학적인 문제점은 무엇인가? 이 신학은 인간을 하나님의 피조물로 생각하기보다는 자주 독립자로 생각하는 오류를 범하고 있다. 이 사상은 인간 존재의 의미를 누가복음 12장 19절에 기록된 한 부자의 삶, "내가 내 영혼에게 이르되 영혼아 여러 해 쓸 물건을 많이 쌓아 두었으니 평안히 쉬고 먹고 마시고 즐거워하자"라고 생각하는 신학이다. 이러한 신학사상을 믿는 자들은 2000년 이상 믿어 왔던 기독교 유신론적 신앙을 어리석게 잊어

---

143) 박아론, 《새벽기도 이야기》, pp. 199-201.

버리고 급진적 신학사상, 즉 과격론을 좇아 신을 하나의 우주의 모습 또는 원리로 생각하는 범신론을 따르는 자들이다.

아무리 웃음과 낭만, 노래가 신학적 소재로서 '우리 현시대의 흐름'이라고 하더라도 인간이 구원을 얻는 것은 그것들을 통하여 이루어지는 것이 아니라 오직 하나님 앞에서 죄에 대한 회개와 통곡, 눈물을 흘리고 '이신득의 믿음', 즉 '오직 믿음'(Sola fide)을 소유해야만 이루어지는 것이다. "오직 의인은 믿음으로 말미암아 살리라"(롬 1:17), "그를 믿는 자는 심판을 받지 아니하는 것이요 믿지 아니하는 자는 하나님의 독생자의 이름을 믿지 아니하므로 벌써 심판을 받은 것이니라"(요 3:18).

역사적인 칼빈주의는, 인간은 죄로 인하여 전적으로 부패하고 전적으로 무능력하게 되었다고 주장하고 있지만, 알미니안파(Arminians)와 펠라기우스파(Pelagians)는 인간의 전적 부패와 무능력을 부인한다. 펠라기우스파가 가르치는 '이성적 노력', 알미니안파의 '인간 본성적 자유', 급진파 신학자들의 '자연적 생득적 능력'에 반대한다. 성경은 죄인이 스스로 하나님께로 돌이키거나 하나님의 눈앞에 참으로 선한 일을 행하기에 전적으로 무능함을 선언한다.[144]

인간의 '전적 부패'(total depravity)는 무엇인가?[145] 이것은 다른 말

---

144) Louis Berkhof, *Manual of Christian Doctrine*, pp. 145-147; 박형룡,《교의신학: 인죄론》(서울: 한국기독교육연구원, 1977), pp. 261-264.
145) 정성구,《칼빈주의 사상과 삶》(서울: 기독교문서선교회, 1989), pp. 19-21.

로 '전적 무능'이라고도 부른다. 하나님을 떠나서 타락한 인간은 그의 존재 전체가 죄로 말미암아 어두워져 훼손된 상태이다. 마치 날개가 부러진 새가 멀리 있는 다른 나무로 날아가고 싶으나 날아갈 수 없는 것처럼, 인간 스스로는 구원을 위하여 아무것도 할 수 없는 총체적으로 부패된 상태를 의미한다. 그래서 타락한 인간은 무엇보다도 먼저 생명을 주는 하나님의 사역 곧 성령의 도움이 없이는 구원을 위해 한 걸음도 옮겨 놓을 수 없고, 그러한 복음의 진리를 자기 스스로 깨달을 수가 없는 것이다.

> "의인은 없나니 하나도 없으며 깨닫는 자도 없고 하나님을 찾는 자도 없고 다 치우쳐 함께 무익하게 되고 선을 행하는 자는 없나니 하나도 없도다"(롬 3:10-12).

그러므로 타락한 인간은 전적으로 부패하고 무능하여 그 자신이 부패한 것도 자발적으로 깨닫지 못하고, 오직 성령의 도우심을 통하여 가능한 것이다.

오늘날 한국교회가 필요로 하고 요구하는 신학은 한국적 웃음과 한국 문화적 코미디를 추가하여 연출하는 '한국산 디오니소스 신학'이 결코 아니라, 새벽에 기도하고 낮에는 땀 흘리며 열심히 일하는, 하나님이 우리에게 주신 땅 '삼천리반도 금수강산'을 풍요롭게 살기 좋은 나라로 건설하여 하나님께 바치면서, 하나님께 영광을 돌리며 믿음으로 살아가는 삶일 것이다.

그리고 삼천리반도 금수강산에 살고 있는 우리는 민족의 고난에 적극 참여하여 눈물을 흘리며 기도하는 민족적 고난 참여의식을 가지고 살아야 할 것이다. 이것이 바로 조만식 장로의 평신도 수준의 '삼천리반도 금수강산의 신학'이 아니고 무엇이겠는가?

> "눈물을 흘리며 씨를 뿌리는 자는 기쁨으로 거두리로다 울며 씨를 뿌리러 나가는 자는 반드시 기쁨으로 그 곡식 단을 가지고 돌아오리로다"(시 126:5-6).

3) 민족적 구원 대망 신앙

조만식 장로의 '삼천리반도 금수강산 신학' 세 번째는 '민족적 구원 대망 신앙'이다. 이것은 조만식 장로와 같이 민족적 고난에 참여하는 사람에게 그 고난을 극복하는 힘이 되는 것이다. 이러한 사실은 조만식 장로의 생애와 삶을 통하여 알 수 있다.

그는 일제강점기의 고난과 공산 치하에서 받았던 고통의 산 증인이다. 그가 이처럼 두 차례씩이나 겪은 민족적인 고난과 고통 속에서도 묵묵히 참고 인내하며 이겨 나갈 수 있었던 것은 바로 민족적 구원 대망의 신앙관 때문이었다. 그는 일제강점기에서는, 하나님께서는 멀지 않아 민족적 해방을 주실 것을 확실하게 믿었던 것이다. 그리고 비록 북한 땅에서 공산당의 손에 감금되어 있었을 때에도, 하나님께서는 멀지 않아 언젠가는 공산주의와 공산당을 한반도에서 몰아내시고 민족적 통일을 이루어 주실 것을 굳게 믿었다.

조만식 장로의 민족적 구원 대망 신앙은 종말론적이며 재림론적인 성격을 띠고 있다. 이것은 하나님의 구원을 묵묵히 한결같이 기다리는 '기다림의 신학'인 것이다. 기다림에는 두 가지 요소가 있다. 하나는 하나님의 뜻에 순종하는 요소이며, 다른 하나는 하나님의 은혜와 능력을 믿는 믿음의 요소이다. 즉, 기다림의 신앙은 하나님의 뜻에 순종하고, 그의 능력을 전적으로 믿고 의지하며 살아가는 삶을 뜻한다.

특별히, 기다림은 성도들의 영적 자세요, 오늘날 크리스천의 바른 믿음의 태도인 것이다. 이러한 자세와 태도를 가진 사람이 진정으로 참 신앙인인 것이다. 참 신앙인은 자신의 힘과 능력으로 모든 문제를 해결하는 것이 아니라, 하나님의 뜻에 순종하고 의지하면서 믿음으로 해결한다.

"너희 안에서 착한 일을 시작하신 이가 그리스도 예수의 날까지 이루실 줄을 우리는 확신하노라"(빌 1:6).

1964년 독일 신학자 몰트만(Jurgen Moltmann)이 《희망의 신학》(Theology of hope)을 저술 발표한 이후, 지금까지도 현대 사상인 희망의 신학 불길은 타오르고 있으며, 세계적으로 크게 영향을 끼치고 있다. 희망의 신학은 하나님의 구원 약속이 오직 인간의 역사적, 경제적, 정치적 여러 활동으로 말미암아 성취된다는 신학사상이다. 다시 말하면 절대자 하나님의 초자연적 능력과 그의 역사적 개입과 사역, 그리고 추가하여 성경에 기록된 말세적 사변들에 대해서는 생각함이 없이, 역사를 리드할 수 있는 인간의 능력과 창의력을 제일 신조로 하는 신학이다.

> "몰트만은 그의 '희망의 신학'에서 말세에 있을 대환란과 인간의 비극에 대한 관찰은 하지 않으며, 하나님을 떠나서 자행자지하는 인간의 죄가 인간으로 하여금 무신론에서 허무주의로 달리게 하고, 적그리스도의 출현과 그의 활동을 돕고 부채질하고 있다는 사실을 잊어버리고 있는 듯하니, 몰트만은 신약성경과 초대교회의 종말론으로부터 먼 거리에 놓여 있다고 생각하지 않을 수 없다."[146]

그러므로 몰트만의 희망의 신학은, 하나님의 언약의 역사적 실현을 말로는 믿는다고 하면서 그것을 부르짖고 있지만, 실제로는 하나님의 구원의 약속이 성취되기를 희망하기보다는, 마치 우리가 지금부터 시작하여 우리의 미래적 행동들로 실현 성취시킬 수 있는 것처럼 착각하고 있다. 즉, 이를테면 "지금, 우리가 하자! 신학"임을 발견해야 할 것이다.

반면에 몰트만의 "지금, 우리가 하자! 신학"과 대조적으로 조만식 장로의 '삼천리반도 금수강산 신학'은 하나님의 경륜 속에서 민족적 구원 대망이 성취되어 실현될 것을 소망하는 신학이다. 그래서 전자는 인본주의적이며 경솔한 행동주의 신학이라면, 후자는 신본주의

---

146) 박아론, 《현대신학은 어디로?》, pp. 258-259.

적인 기다림의 신학이라고 부를 수 있다.

여기에서 우리는 성경 자체와 성경의 역사를 '기다림의 책'이요, '기다림의 역사'라고 생각할 수가 있다. 그 이유는 신구약 성경이 하나님의 구원사 과정에 대해서 말씀하는 책일 뿐만 아니라, 하나님의 구원사의 성취를 기다릴 것을 가르치는 책이기 때문이다.

예를 들면, 구약성경에서는 아름다운 에덴동산에서 쫓겨난 타락한 인간이 죄악에서의 해방과 인간 회복을 기다리는 기다림이 있고, 애굽에서 노예생활을 하고 있던 이스라엘 백성들이 출애굽을 기다리는 기다림이 있고, 40년 광야생활 속에서 축복의 가나안 땅으로 들어가기를 기다리는 이스라엘의 기다림이 있고, 유대 왕국의 건립을 위하여 기다리는 사사시대 이스라엘의 기다림이 있고, 그리고 바벨론에서 귀환하여 유대 땅에서 예루살렘 성전의 재건을 기다리는 망향의 이스라엘의 기다림 등이 있다.

> "나 곧 내 영혼은 여호와를 기다리며 나는 주의 말씀을 바라는도다 파수꾼이 아침을 기다림보다 내 영혼이 주를 더 기다리나니 참으로 파수꾼이 아침을 기다림보다 더하도다"(시 130:5-6).

신약성경에서는 장차 메시아로 오실 예수 그리스도의 오심을 기다리는 세례 요한의 기다림이 있고, 예수 그리스도가 갈보리 십자가에 죽으시고 부활 승천하신 후 마가 다락방에서 120문도들이 모여 기도하면서 성령의 강림을 기다리는 120문도들의 기다림이 있고, 예수님의 제자들이 성령의 불을 받아 "예루살렘과 온 유대와 사마리아와 땅끝까지 이르러 그리스도의 증인이 되고자" 하는 제자들의 기다림이 있고, 이방 나라에 가서 예수 그리스도의 복음을 전파하기를 기다리는 이방인 선교사인 사도 바울의 기다림이 있고, 그리스도의 신부 되는 교회가 신랑 되신 그리스도가 다시 재림하여 오실 것을 기다리는 신부의 기다림이 있고, 그리고 "아멘 주 예수여 오시옵소서" 하면서 신천신지와 새 예루살렘의 도래를 기다리는 묵시자 사도 요한의 기다림 등이 있다.

그러므로 조만식 장로의 평신도 수준의 '삼천리반도 금수 강산 신학'에서 존재하는 '민족적 구원 대망 신앙'을 통하여 소위 자유주의 신학자들이 부르짖고 있는 행동주의적 현장 신학, 즉 철학적이고 정치적인 '희망의 신학'을 반대해야 한다. 그리고 우리는 조만식 장로의 민족적 고난에 동참하고, 그 고난을 하나님의 구원의 성취와 예수 그리스도의 재림을 기다리는 '기다림의 신학'으로 받아들이면서, 그것을 세계적으로 위상을 높이고 있는 대한민국의 표준적 기독교 신학으로 정립하고 승화시켜야 할 것이다.

한국의 간디 조만식 장로는 한국 민족의 고난에 친히 참여하여, 민족적 구원 대망 신앙으로 모든 고난과 고통, 박해와 죽음을 이기고 승리하였다. 이제 그의 '삼천리반도 금수강산 신학'은 새벽에 일어나서 기도하고, 낮에는 땀 흘리며 신국 건설을 위하여 열심히 일하는 현대 세계 크리스쳔 평신도들의 삶의 기본 원리가 되어야 할 것이다.

앞으로 조만식 장로의 평신도 신학은, 세계 지구촌에 있는 모든 사람들에게 복음을 전파하는 예수 그리스도의 전도 대위임명령(Jesus Christ's Great Commission, 마 28:18-20)을 수행하는 일에 있어서 최선두에 서는 영광을 누리는 '한국교회의 기독교 신학'이 되어야 할 것이다. 할렐루야! 만세반석 열릴 때까지, 아멘!

제9장

평가와 결론

이 책의 제목은 《새벽기도 신학과 새벽기도 영성》이다. 이 책은 두 사람의 공동저자가 두 가지 방향, 즉 신학과 영성의 방향을 기독교의 역사와 선교와 관련시켜서 서술하였다.

먼저, '새벽기도의 영성'(spirituality of early morning)이다. 이것은 종교개혁자 존 칼빈(John Calvin)의 사상을 중심으로 하여 개혁주의 영성을 기초하였다. 새벽기도의 본래적 모델은 예수 그리스도이다. 한국교회 최초 새벽기도 애호자는 백홍준 장로이다. 이후 1905년 평양 장대현교회에서 길선주 목사가 몇 명의 교우들과 함께 처음으로 새벽기도회를 시작하여 한국교회의 새벽기도 운동을 일으켰고, 한국교회의 새벽기도 영성의 역사적 모델이 되었다. 정말 자랑스러운 역사적 사실이다.

다음은 '새벽기도의 신학'(korean christian theology of early morning prayer)이다. 한국교회의 새벽기도 역사를 신학적으로 고찰하였다. 1907년 이후 길선주 목사의 새벽기도 영성을 통하여 한국 초대교회의 영적각성운동이 불길처럼 일어났다.

특별히 한국교회의 대표적인 전도자이며 순교자였던 최권능이라고 불리는 최봉석 목사의 새벽기도 영성은 "예수 천당 불신 지옥!"으로 '예수천당 신학'을 만들었다. 하늘의 별처럼 밀알처럼 한국교회 진리의 파수꾼이요 '순교의 제물'이 되신 주기철 목사는 '일사각오 신학'을 만들었다. 그리고 조만식 장로는 "한국의 간디"로 불리며 한민족의 독립운동가로서 기독교 교육 우선 사상과 민족적 동고동락 사상으로 '삼천리반도 금수강산 신학'을 만들었다.

이렇게 하여 새벽기도 신학과 새벽기도 영성은 한국교회로 하여금 초자연적인 하나님의 능력과 신비스러운 은혜와 경이로운 기적을 체험케 하였다.

이제 마지막 결론으로, 이 책의 주제를 기독교 복음주의적이고 개혁주의적인 4가지 관점에서 관찰하고 평가하여 결론을 맺으려고 한다.

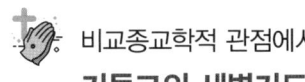 비교종교학적 관점에서 본
기독교의 새벽기도와 불교의 새벽 예불

비교종교학 관점에서 본다면, 불교는 부처님의 가르침을 뜻한다. 그래서 불교는 부처님이 깨달은 법에 대한 가르침이다. 인간을 그 깨달음의 길로 인도하는 가르침이다. 불교의 핵심사상은 부처의 두 가지 중요한 설법이다. 첫째는 '인과업보'이다. 이것은 내가 지은 업을 내가 받는다. 즉 내가 저지른 악한 행동을 통하여 내가 고통과 아픔을 당한다는 뜻이다. 둘째는 '윤회론'이다. '삼업', 즉 심·구·의(몸·입·생각)에 따라서 인간은 죽고 다시 태어남이 반복된다는 의미이다.[147] 반면에 기독교는 예수 그리스도의 가르침이다. 예수 그리스도가 그의 공생애 사역 속에서 직접 가르치신 사복음서를 비롯한 27권 신약과 39권 구약의 성경 말씀이다.

그런데 1907년 한국 초대교회가 길선주 목사에 의하여 처음으로 시작한 새벽기도회는, 불교적 의식이나 타 종교의 의식을 모방한 것이 아니라, 예수 그리스도의 새벽기도와 경건 생활을 따르기 위하여 시작한 것이었다.

한국교회에서는 길선주 목사의 새벽기도의 시작과 근거에 대하여 여러 가지 해석들을 하고 있다. 일부 한국교회 신학자는 한국교

---

147) 대한불교조계종교육원 불학연구소, 《수행법 연구》 (서울: 조계종출판사, 2006), pp. 35-36; 한국콘텐츠진흥원, 〈문화원형백과: 승려생활〉 (2005).

회 새벽기도의 유래는 불교의 예불 의식에 근거를 두고 있다고 주장한다. 그 이유는 청년 시절에 길선주가 수도승이었기 때문이다. 그때 그는 새벽 3시가 되면 절간에서 부처님을 향하여 '예불'을 드렸었다.

불교에서 말하는 예불은 무엇인가?[148] 예불(예배)은 염불의식 중에서 지극한 마음으로 부처님에게 예를 표하면서 절을 하는 의식이다. 이것은 크게 두 가지로 '도량석'과 '종승'이 있다. 도량석은 사찰에서 새벽 예불을 드리기 전에 도량을 청정하기 위하여, 즉 도를 닦고 너그러운 마음과 깊은 생각을 가지기 위하여 소리를 내어 불경을 읽는 의식이다. 이때 천지만물을 깨우고 도량을 청정하게 하는 뜻으로 목탁을 치면서 사찰 주위를 돌며 천수경을 독송하거나 아미타불 혹은 관세음보살을 부른다. 종승은 사찰에서 종을 칠 때에 부처님을 향하여 소리를 내어 찬미하며 불경을 소리 내어 읽는다.

새벽 종승은 불당에서 의식이 끝남과 동시에 부처님을 향하여 작은 소리에서 큰소리로 찬미하면서 종을 친다. 이것은 아미타불의 위엄과 신의로부터 지옥에서 고통을 받는 중생들이 종승을 듣고 불보살에게 귀의 발원하여 왕생하기를 바란다는 의미이다. 그리고 저녁 종승은 저녁 예불 전에 부처님을 향하여 다섯 번을 타종하고 찬미한다. 모든 번뇌를 해탈하고 지혜심을 얻어 지옥을 파하고 삼계, 즉 천계, 지계, 인계의 세계에서 벗어나 모든 중생을 구제하기를 바란다는 의미이다.

그리하여 수도승 길선주는 불교의 예불 의식이 그의 삶에 기초가

---

148) *Ibid.*

되고 생활 습성이 되었으며, 예수를 믿고 목사가 된 이후에도 예불 의식의 습관에 따라서 교회에서 새벽기도를 드리게 되었다는 주장이다. 그러나 이러한 사실은 현실적인 측면에서는 생각할 수 있으나 근원적인 측면에서는 성경에서 뿌리를 찾아야 할 것이다. 그러므로 길선주 목사의 새벽기도의 시작은 성경이 증언한 대로 예수님의 새벽기도에서 그 모델을 찾아야 한다.

> "새벽 아직도 밝기 전에 예수께서 일어나 나가 한적한 곳으로 가사 거기서 기도하시더니"(막 1:35).

> "날이 밝으매 예수께서 나오사 한적한 곳에 가시니 무리가 찾다가 만나서 자기들에게서 떠나시지 못하게 만류하려 하매"(눅 4:42).

새벽기도는 예수님께서 산속에서도 밤새도록 기도하시던 그의 기도생활이다. 이것은 평소에도 한적한 곳에서 항상 기도하시던 예수님의 생활화된 경건을 보여주고 있다. 예수님은 사랑하는 제자 베드로와 요한과 야고보를 데리고 변화산에 기도하러 올라가셨다.

> "예수께서 베드로와 요한과 야고보를 데리고 기도하시러 산에 올라가사 기도하실 때에 용모가 변화되고 그 옷이 희어져 광채가 나더라"(눅 9:28-29).

그리고 예수님은 십자가의 죽음을 바라보면서 제자들과 함께 겟세마네 동산에 기도하시러 올라가시면서, "너희가 나와 함께 한 시간도 이렇게 깨어 있을 수 없더냐 시험에 들지 않게 깨어 기도하라"(마 26:40-41)고 하셨다.

그러므로 새벽기도는 예수님의 기도와 그의 기도의 삶을 본받는다는 경건한 신앙의 모습을 전제해야 할 것이다. 그래서 새벽기도는 형식적이고 철학적인 것이 아니라, 성경적이고 영적인 기도의 모습이다.

기독교 영성 이해로 비추어 본
새벽기도 영성과 새벽기도 신학

새벽기도 신학은 다음과 같이 3가지 요소의 영성들을 가지고 있다.

첫째, '신비의 영성'은 새벽기도자로 하여금 전지전능하신 여호와 하나님의 거룩하심 앞에 압도를 당하게 한다. 자기 자신의 죄인 된 모습을 바라보면서 자신의 죄악과 잘못된 것을 뉘우치고 깨닫고 회개하여, 새로운 신앙으로 승화되어 코람데오(Coram Deo) 하나님 앞에 바르게 살아가며, 하나님을 향하여 충성하고 헌신하고자 하는 삶의 결단이다. 새벽에 하나님의 신비스러운 음성을 듣고서 결단하는 영성이다.

"내가 누구를 보내며 누가 우리를 위하여 갈꼬 하시니 그때에 내가 이르되 내가 여기 있나이다 나를 보내소서"(사 6:8).

둘째, '고요의 영성'은 새벽기도를 통하여 예수 그리스도의 십자가를 바라보며 십자가 대속의 사랑과 은총을 체험하게 한다. "이제는 내가 사는 것이 아니요 오직 내 안에 그리스도께서 사시는 것이라"(갈 2:20)는 신앙고백을 하면서, '나 같은 죄인 살리신 주님의 은혜 놀라워, 영원히 주를 찬양하며 해처럼 달처럼 한 알의 밀알처럼 살겠다'고 결단하며 삶을 살아가도록 만든다.

셋째, '생기의 영성'은 새벽기도에 나타나는 성령의 역사와 기름 부으심을 통하여 새롭게 거듭나서, 옛사람에서 새사람으로 창조되는 새로운 모습을 보여주도록 한다. 즉, "새로운 피조물이라 이전 것은 지나갔으니 보라 새것이 되었도다"(고후 5:17)라는 모습으로 전환하여 하나님께로 나아가는 삶, 그리고 하나님을 위하여 일하는 삶을 촉진시킨다.

그러므로 이 세 가지의 영성은 이른 아침의 신비, 고요, 생기라는 분위기 속에서 몸소 실천하는 새벽기도를 통하여 체험하게 된다.

"이 세상에서 하나님을 위해 가장 많은 일을 한 사람들은 아침 일찍 무릎을 꿇는 사람들이다. 이른 아침에, 그리고 그 신선함과 그 기회를 하나님을 찾기보다 다른 사소한 일로 낭비해 버리는 사람은 하루 종일 하나님을 찾는 일에 별 진전을 못 보게 마련이다. 이른 아침에 하나님께서 우리의 생각과 노력에 첫 자리를 차지하지 않는다면 하나님은 하루 종일 맨 마지막 자리를 차지하게 될 것이다."[149]

---

149) E. M. Bounds, *Power Through Prayer* (Seoul: Word of Life Press, 2008), 《기도의 능력》,

구기독교권인 유럽과 아메리카에서 교회 목회자들의 모범적인 새벽기도의 모습을 찾아볼 수 있다. 새벽기도회를 통하여 새벽의 영성을 소유한 사람들은 각 시대마다 위대한 인물이 되었다는 사실을 결코 부인할 수가 없다. 위대한 종교개혁자 마틴 루터(Martin Luther)는 새벽기도의 영성을 가진 자로서 그는, "만약 내가 매일 새벽 2시간을 기도로 보내지 않는다면, 그날의 승리는 마귀에게로 돌아갈 것이다. 나는 할 일이 너무 많기 때문에 매일 3시간씩 기도하지 않고는 일어날 수가 없다"라고 말하였다. 그리고 감리교 창시자 요한 웨슬리(John Wesley)는 매일 새벽 4시에 일어나서 2시간을 기도하였다.[150]

1700년대, 지성과 영성을 겸비한 신학자로서 미국의 영적각성운동을 이끈 위대한 설교가였던 조나단 에드워즈(Jonathan Edwards)[151]는 '말씀과 기도 영성'을 가졌다. 그는 새벽기도의 영성을 가진 사람으로서 매일 새벽 4시에 일어나 하루 일과를 시작하였다. 그는 "그리스도께서 이른 새벽 무덤에서 일어나셨으므로 새벽 일찍이 일어날 것을 명령하셨다고 믿는다"[152]고 말하면서 새벽기도를 생활화하였다.

이정윤 역 (서울: 생명의 말씀사, 2008) pp. 76.
150) *Ibid.*, p. 67.
151) 조나단 에드워즈(Jonathan Edwards, 1703-1758)는 미국 코네티컷에서 회중교 목사의 아들로 태어났다. 그는 어릴 적부터 잘 훈련된 경건한 청교도 가정에서 신앙의 유산을 물려받아 매일 성경 묵상, 은밀한 기도생활, 철저한 시간관리, 그리고 하나님의 영광을 위한 삶이 몸에 배어 있었다. 그는 예일 대학교를 최우수생으로 졸업하였고, 탁월한 지성의 기초 위에 뜨거운 영성의 뼈대를 세워서 영국의 조지 휫필드(George Whitefield)와 손잡고 미국 뉴잉글랜드의 영적대각성운동을 촉발하여, 미국 전역에 부흥의 불길을 일으켰던 지성과 영성을 겸비한 최고 신학자, 설교자, 목회자이다. 그의 영성은 한마디로 '하나님 말씀의 영성'과 '기도의 영성'이다.
152) 정부홍, 《조나단 에드워즈의 생애》(서울: 기독교문서선교회, 1999). p. 57.

어느 날, 그는 예일 대학교(Yale University) 시절에 예수 그리스도의 영광을 체험하는 신비스러운 은혜를 받았다. 그는 이 놀라운 신비스러운 은혜를 다음과 같이 기록하였다.

"어느 날 나는 건강관리를 위하여 말을 타고 숲속으로 들어가 한적한 곳에 내렸다. 언제나 그렇게 해왔듯이 경건한 묵상과 기도를 하며 걸었다. 그날 나는 특별한 모습을 보게 되었다. 그것은 하나님과 인간 사이의 중보자이신 하나님의 아들의 영광과, 그의 놀랍고 크고 충만하며 순결한 은혜와 사랑이었다. 그리스도의 모습은 형언할 수 없이 탁월하여 모든 사상과 개념을 압도하였다. 그래서 나는 눈물로 뒤범벅이 된 채 큰 소리로 울었다. 그리고 그리스도를 사랑하고 싶고, 그리스도를 의지하고 섬기고 싶었다. 거룩한 하늘의 정결로 완전히 깨끗해지고 싶었다."[153]

영국의 조지 휫필드(George Whitefield)[154]는 미국의 조나단 에드워즈와 동시대의 인물로서 '기도 영성'을 가진 사람이었다. 그는 55세 나이로 단명하였지만, 기도의 영성을 통하여 18세기 타락한 영국사회에 오직 그리스도의 복음을 전파하는 일을 위하여 살았던 인물이다.

---

153) 송삼용, *op. cit.*, pp. 163-167.
154) 조지 휫필드(George Whitefield, 1714-1770)는 영국 중부지방에 있는 글로스터(Gloucester)에서 출생하였고, 55세의 짧은 생애 속에서 오직 예수 그리스도를 증거하는 일을 위하여 살았다. 오직 자신은 죽고 그리스도만 높이며 살고자 하였고, 명작과 자서전을 남기지 않고 웨슬리처럼 교단도 만들지 않았다. 18세기 그는 복음의 권세와 능력으로 병든 영국사회를 바꾸어 놓고 교회로 돌아오도록 만들었다. 그의 영성은 불꽃 영성과 기도의 영성이다.

그리고 현대 기독교에 크게 영향을 끼친 근래의 복음주의 신학자요 목회자인 존 스토트(John R. W. Stott)[155] 역시 '기도 영성'의 사람이었다. 그는 하나님을 섬기는 모든 크리스천들은 말씀과 기도로 '그리스도의 제자의 삶'을 가져야 한다고 하였다. 존 스토트 자신도 그리스도 중심의 삶을 가지기 위하여 항상 오전 5시에 일어나서 먼저 하나님께 의탁하는 시간을 드렸다. 1시간 30분 동안 새벽기도를 드리고, 오전 4시간 동안에는 성경연구와 묵상하는 시간을 보냈다. 이리하여 존 스토트는 영국 올 소울즈 교회(All Souls Church, London)를 목회하면서 50여 권의 수많은 책들을 저술하였다. 이것은 바로 새벽기도 영성의 열매인 줄 확신한다. 그의 기도의 영성은 '전투적 기도의 영성'이라고도 불리고 있다.

이렇게 하여 조나단 에드워즈의 '말씀과 기도 영성'은 인본주의 신학사상으로 말미암아 영적인 잠을 자고 있는 미국을 상대로 영적 각성운동을 일으켰고, 조지 휫필드는 '기도 영성'으로 '오직 예수 복음!'을 외치면서 부패하고 병들었던 영국사회를 구원하였다. 그리고 존 스토트는 기도의 영성으로 성공적인 목회사역과 문서선교 사역에 크게 공헌하였다. '설교의 황제'라고 불리는 부흥사 찰스 스펄전(Charles H. Spurgeon)[156]은 "기도는 성도들의 영적 호흡이다!"라고 외

---

155) 존 스토트(John R. W. Stott, 1921-2011)는 영국이 낳은 20세기의 탁월한 복음주의 신학자요 설교자이다. 그는 30년 동안 올 소울즈 교회(All Souls Church)에서 목회를 하였고, 그의 영성은 그리스도를 섬기며 닮아 가며 본받는 '제자도의 삶'과 '전투적인 기도생활'이다.

156) 찰스 스펄전(Charles H. Spurgeon, 1834-1892)은 영국이 낳은 '설교의 황제'라고 불리는 부흥사이자 목회자이다. 그는 19살 때에 전통 있는 뉴 파크 스트리트 교회(The New Park Street Church)에 부임하였다. 그때 교인들은 100여 명이었지만 38년 동안 목회하는 중

치면서 항상 교우들을 향하여 "죄가 당신을 유혹합니까? 지금 기도하십시오. 뜨겁고 진지하고 열정적으로 부르짖으십시오. '주여, 나를 붙드소서!'(시 119:117)라고 지금 기도하십시오"라고 가르쳤다. 그리하여 스펄전 목사는 수많은 영혼을 깨우치고 기도로 무장시켰다.

"작은 예수"라 불리는 루이스(C.S. Lewis)[157]는 하루의 생활을 기도로 시작하여 대학교에서 강의를 하고 명상과 사색의 시간을 가졌고, 기도로 하루의 삶을 마치는 습관을 가졌다. 그리고 "5만 번 기도 응답"의 사람 조지 뮬러(George Muller)는, "기도란 하나님과 동행하는 삶이며, 하나님을 사랑하며, 하나님을 믿는다는 고백이며, 인간의 생사화복을 주장하시는 하나님 앞에 나아가 모든 즐거움과 모든 고민을 함께 나누는 것이다. 그러므로 기도보다 더 귀중한 것은 없고, 기도보다 더 아름다운 것은 없다. 기도는 모든 삶의 중심이 되어야 하며, 모든 삶의 시작과 진행과 마지막이 되어야 한다. 기도! 이것은 유일하게 하나님의 자녀만이 누릴 수 있는 가장 소중한 특권이다"[158]라고 고백하였다.

신기독교권(the new christendom)을 대표하는 한국교회의 목회자들은 한국교회의 초창기부터 새벽기도 집회의 열광자들이다. 한국 초

1만 5천 명까지 부흥 성장시켰다. 그의 영성은 '목회 열정'과 '기도의 영성'이었다.

157) C.S. Lewis, ed. Perry C. Branmler, *C.S. Lewis: Life at the Center*, (Macon, Georgia: Smith & Helwys Publishing, Inc.), 《작은 그리스도 C.S. 루이스》, 강주헌 역 (서울: 엔크리스토출판사, 2002), p. 51.

158) George Muller, *A Secret of Prayer*, 《5만 번 응답 받은 뮬러의 기도 비밀》, 홍일권 역 (서울: 생명의 말씀사, 2001), p. 300.

대교회는 길선주 목사의 새벽기도의 영성에서 출발하여, 이기풍 목사의 뉘우치고 깨닫고 복음을 전파하였던 회개의 영성, 김익두 목사의 성내지 않고 참고 견디는 인내의 영성, 최봉석 목사의 전국 방방곡곡을 종횡무진 뛰어다니며 외쳤던 예수 천당의 영성, 주기철 목사의 오직 주님을 향한 일편단심 일사각오의 영성, 그리고 조만식 장로의 기독교 교육 우선 사상의 영성은 그들 앞에 주어진 민족적·사회적 문제들과 영적, 육적인 일들을 해결하는 중요한 원동력이 되었다. 이것은 새벽기도에서 나온 결과요, 열매이다.

이처럼 위대한 주의 종들은 말씀과 기도, 지성과 영성을 겸비한 위대한 믿음의 선진들이었다. 앞으로도 계속적으로 하나님의 크신 영광을 나타내며, 예수 그리스도의 복음 전파를 위하여 제2의 요한 웨슬리를 비롯한 조나단 에드워즈, 조지 휫필드, 존 스토트, 찰스 스펄전 목사, 그리고 제2의 길선주 목사, 제2의 최봉석 목사, 제2의 주기철 목사, 제2의 조만식 장로와 같은 위대한 신앙의 인물들이 많이 배출되어야 할 것이다. 믿음의 선진들은 땅에서의 사명을 다 마치고 하늘나라에 가서 쉬고 있다. 그러나 그들이 남기고 간 믿음의 발자취와 흔적, 그리고 기도의 모범과 뜨거움은 지금도 살아서 우리에게 교훈하고 있다.

"그가 죽었으나 그 믿음으로써 지금도 말하느니라"(히 11:4).

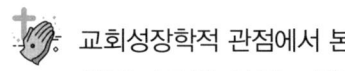 교회성장학적 관점에서 본
새벽기도와 한국교회의 부흥과 성장

　새벽기도는 예수 그리스도의 복음 전파하는 일과 교회를 부흥 성장시키는 일에 절대적으로 필요한 요소이다. 그래서 이것은 교회 성장의 필수 과제이며, 교회 성장의 기본원리이다. 새벽기도가 없는 교회 성장은 있을 수 없고, 부흥 성장한 교회는 반드시 새벽기도회를 하였다. 이것은 마치 총알이 없는 총과 같고, 참기름이 없는 비빔밥과 같고, 단팥 없는 찐빵과 같은 것이다. 즉 교회의 부흥 성장 비결은 새벽기도이고, 새벽기도는 교회의 부흥 성장의 열쇠이다.

　개혁주의 신학자 헤르만 리델보스(Herman Ridderbos)는 그의 《바울신학》에서, "믿음은 예수 그리스도 안에 계시된 종말론적이고 구속적인 실재가 인간적 상호관계를 가리키는 중심개념이다. 믿음이라는 개념과 복음이라는 개념은 서로 함께 작용한다"[159]라고 주장하였다. 바울서신에 보면 한 번은 복음이 '믿음의 말씀'이라고 불렸다. "우리가 전파하는 믿음의 말씀이라"(롬 10:8). 또 다른 곳에서는 믿음이 '복음의 신앙'이라고 나타났다. 그리고 더 나아가서 '믿음의 들음', 즉 복음을 듣고 믿는 것으로 묘사되었다(갈 3:2-5).

　그러므로 복음 전파하는 일과 영적신앙운동은 서로 분리되거나 독립적으로 역사하는 것이 아니라 이 두 개가 함께 사역하고 역사

---

159) Ridderbos, *op. cit.*, p. 237.

할 때에 능력과 기적이 나타난다. 복음이 전파되고 능력이 나타나면 믿음의 역사가 나타나고, 영적인 운동이 일어난다. 그러나 믿음의 역사와 능력이 나타나지 아니하면 영적인 운동이 일어나지 않는다. 그래서 복음과 믿음이 함께 역사하며, 이때 교회도 성장하고 부흥하며 복음 전파하는 일을 하게 된다. 그리고 이러한 복음과 믿음의 역사와 능력으로 성장하고 부흥한 한국교회는, 한 걸음 더 나아가서 예수 그리스도의 전도 대위임령(Jesus Christ's Great Commission, 마 28:18-20)을 수행하기 위하여 세계 선교운동에 동참하여 예수 그리스도의 복음을 전파하는 일에 앞장서게 된다.

교회성장학적인 관점에서 한국 초대교회의 복음 전도와 교회 성장 전략을 5가지로 다음과 같이 요약할 수 있다.

"첫째, 열정적인 성경 연구와 기도운동이다. 둘째, 바른 신앙과 신학이다. 선교사들의 청교도적 신앙관이 그 힘이 되었다. 셋째, 효율적인 교회성장원리이다. 이러한 것을 바탕으로 선교사들은 열심 있는 노방전도와 양육을 위한 사랑방 전도, 광범위한 순회전도를 실시하였던 것이다. 넷째, 네비우스 방법(nevius mission method)이다. 이 방법은 지금까지도 가장 효율적인 교회성장원리로 인정된 효율적 선교정책이다. 자급, 자치, 자전의 원칙이다. 다섯째, 대부흥운동이다. 이 운동은 양적 성장보다는 질적 성장에 큰 비중을 두는 것이다. 인간의 감정을 자극시키는 부흥회나 독단적 성경해석이 아니라, 성경의 진리 안에서 삶의 지표를 발견하고 새 힘을 얻도록 참된 회개와 인격의 변화로 그리스도의 정병이 양성되도록 해야 한다."[160]

따라서 한국 초대교회의 성장 원인은 외적 성장뿐만 아니라 내적 성장에 기인하였다는 사실을 발견할 수 있다. 그러므로 교회의 지속적인 성장도, 말씀과 기도의 영성을 통하여 자신의 죄와 불신앙의 잘못된 것을 깨닫고 뉘우쳐서 새롭게 변화되는 참된 크리스천의 모습과, 교회 공동체 안에서 덕이 되는 삶을 보일 때에 이루어질 것이다. 이것이 바로 지속적인 교회 성장과 부흥의 비결이다.

1907년 이후 한국 초대교회는 꾸준히 부흥 성장하였고, 50년이 지난 1960년대 이후부터는 한국교회가 급격한 성장을 이루었는데, 1990년 중반에 와서는 교회 성장이 둔화되거나 혹은 정지 상태에 이르게 되었다. 현재는 정상적으로 성장하는 교회는 20% 정도밖에 되지 않으며, 성장하지 않고 정체된 중립적인 교회도 전체 교회의 55% 정도를 차지하고 있고, 교인의 수가 감소되고 있는 마이너스 성장하는 교회도 25%에 이르고 있다.

근래에 새벽기도회를 통하여 교회가 성장 부흥되었다는 교회들을 다음과 같이 소개한다. '새벽기도'를 트레이드마크로 내세우면서 성장한 교회는 장로교의 서울 명성교회를 비롯하여 영락교회, 충현교회, 사랑의교회, 온누리교회, 소망교회, 왕성교회, 인천 주안교회,

---

[160] 개혁주의교회성장학회, 〈개혁주의 교회성장〉 통권 제1호 (서울: 개혁주의성장학회, 2006), pp. 155-156.

부산 수영로교회, 용인 새에덴교회와 수원제일교회 등이다. 또 여의도 순복음교회와 감리교에서는 광림교회, 금란교회, 임마누엘교회와 침례교에서는 용인 지구촌교회, 강남 중앙교회, 수원중앙교회이며, 성결교에서는 서울 충무로교회, 동대문 중앙교회와 독립교단인 서울 할렐루야교회 등이다.[161]

오늘날 한국교회는 성장과 부흥이 점점 둔화되어 멈추든가 혹은 마이너스 성장으로 내려가고 있는 안타까운 실정이다. 이렇게 둔화되고 감소되어 마이너스 성장이 되는 원인을 다음과 같이 8가지로 분석하고 요약한다.

"첫째, 한국사회의 세속화 현상이다. 다원주의, 실용주의, 물질만능주의, 쾌락주의, 개인주의와 같은 현상이 한국사회에 광범위하게 확산되고 있다.
둘째, 한국교회의 세속화 현상이다. 교회는 교회가 위치하고 있는 사회 문화의 영향을 직간접적으로 받을 수밖에 없는데, 사회의 세속화는 교회의 세속화를 가져왔고, 물질주의적 가치관이 교회 안에 광범위하게 확산해 있다.
셋째, 영혼 구원에 대한 열정 결핍이다.
넷째, 목회자들의 안일한 목회 자세, 영성 결핍, 그리고 자질 하락이다.
다섯째, 교인들의 신앙과 삶의 불일치이다.

---

161) 박아론, 《새벽기도 이야기》, pp. 88-89.

여섯째, 교인들의 교회에 대한 헌신 결핍과 잦은 교회의 이동이다.
일곱째, 사회와 문화 변화에 대한 한국교회의 적절치 못한 대처이다.
여덟째, 기독교에 대한 부정적인 이미지와 불신 풍조이다."[162]

위와 같은 한국교회의 마이너스 성장의 요인들로부터 벗어나 재성장, 부흥할 수 있도록 바로 한국교회의 개혁운동, 즉 다음과 같은 7가지 원리들을 제안한다.

"첫째, 마태복음 28장 19-20절로 예수 그리스도의 지상명령의 비전이다. 이것은 의도적으로 잃어버린 자를 찾아 나서는 일과 온 천하에 다니며 복음을 전파하는 일이며, 그리고 성도들을 성숙하게 하여 예수 그리스도의 제자화하는 일이다.
둘째, 섬김의 자세를 지닌 리더십의 원리이다. 이것은 주님을 닮은 경건함을 가진 자로서 자신이 무엇을 해야 하며, 어디로 가야 하는지를 알고 있는 자세이다.
셋째, 평신도를 사역자로 세우는 원리이다. 이것은 교회의 지도자로서 평신도의 동력화요, 평신도의 사역자화이다.
넷째, 문화적으로 적절한 목회의 원리이다. 현대사회의 변화와 함께 현대교회의 사역 방법에도 변화가 일어나야 한다.
다섯째, 생명력 있는 예배의 원리이다. 참된 예배로써 하나님의 사랑, 은혜, 위대하심, 전능하심, 거룩하심, 존귀하심과 선하심

---

162) 〈개혁주의 교회 성장〉 통권 제3호, pp. 97-98.

과 같은 하나님의 속성, 품성에 대한 인간의 적극적 반응, 즉 예배자의 적극적인 참여이다.

여섯째, 상황화된 설교의 원리와 내용, 즉 설교에 대한 회중들의 무관심, 지루함, 동떨어진 내용들을 탈피하여 성도들에게 관심을 가지게 하는 설교이다. 설교자는 끊임없이 청중들에게 관심을 갖는 가운데 삶의 상황들을 구체적으로 파악하고 분석하여 성경적인 대답을 제시해 주어야 한다. 복음 진리의 본질은 어제나 오늘이나 동일하지만, 진리를 전달하는 방법은 변해야 한다. 시대의 변화는 메시지가 아니라 전하는 방법의 변화를 요구하기 때문이다.

일곱째, 기도와 회개의 원리이다. 이것은 기도와 회개운동이다. 1903년 한국 초대교회의 원산부흥운동과 1907년 평양 영적부흥운동은 교회지도자의 회개와 기도운동으로부터 시작되었다. 그들의 철저한 회개와 기도운동은 한국교회를 성장 부흥시키는 데 원동력이 되었다."[163]

오늘날 미주 땅에 있는 이민 한인교회들의 모습은 어떠한가?

미주 땅 코리안 아메리칸의 이민역사[164]는 1882-1901년을 이민 개척시대, 1902-1905년을 정규 이민기, 1906-1949년을 이민의 비정규시대, 1950-1965년을 이민의 활기시대, 1966-1989년을 이민의 정착시대, 1990-2006년을 이민 사명의 시대로 구분하였다. 미주 한인교회의 역

---

163) Ibid., pp. 98-116.
164) 오상철, 《이민신학》 (서울: 쿰란출판사, 2008), pp. 57-69.

사는 1903년 하와이 사탕수수밭에서 시작한 하와이 그리스도 감리교회에서 처음으로 태동되었다. 그동안 미국 한인교회는 발아기를 거쳐 성장 부흥기를 통하여 현재 약 3,500여 개의 교회들이 있다. 이처럼 성장 부흥할 수 있었던 많은 요인들 가운데 가장 큰 것이 말씀의 능력과 기도의 영성이었다.

이러한 이민역사 속에서, 미주 땅 이민 한인교회의 교역자들과 교우들이 건강하게 지속적으로 성장 부흥하려면 무엇보다도 기도가 절대적인 큰 요소가 된다. 미국 워싱턴 지역 한인 목회연구원에 의하면, 이민 한인교회를 섬기는 목회자들과 교우들 간의 문제점들이 교회의 갈등과 분규를 발생시킴으로 교회 성장에 큰 장애물이 되고 있다고 다음과 같이 지적하였다.

"1. 목회자의 이성 관계에 문제가 일어날 때이다. 2. 목회자가 재정에 지나치게 관여할 때이다. 3. 목회자의 이임과 취임의 과도기 과정이 순리적이지 못할 때이다. 4. 목회자가 인격자로서의 정직성을 상실할 때이다. 5. 목회자의 리더십 스타일이 독재적이고 폐쇄적일 때이다. 6. 목회자가 설교를 교회 문제 해결의 한 수단으로 사용할 때이다. 7. 목회자가 성급하게 종전의 것을 뜯어고쳐 나갈 때이다. 8. 목회자와 일반 평신도 리더들과의 소통 라인이 두절될 때이다. 9. 목회자가 교회의 문제를 방관하거나 잘못 관리할 때이다."[165]

---

165) 워싱턴 지역 한인목회연구원, 《이민목회와 신학》 (서울: 쿰란출판사, 2006), pp. 119-139.

미국 필라델피아에 소재한 한인 벧엘장로교회는 365일 새벽기도를 통하여 지속적으로 성장하였다. 필라델피아 벧엘장로교회[166]를 소개하면, 이 교회는 하나님의 말씀과 365일 매일 새벽기도회를 통하여 교회의 문제와 위기를 잘 극복하며 성장하였다. 1998년 4월, 벧엘장로교회가 성장하는 가운데 새 성전을 건축하게 되었다. 그러나 교회와 건축업자 간의 문제로 5년 동안 건축이 중단되어 오다가 2003년 6월에 새 성전 봉헌예배를 드렸다.

그동안 성전 건축 과정에 담임 목회자와 온 교우들이 고통과 아픔 속에서, 피와 땀을 흘리며 인내와 소망을 가지고, 오직 주님만 바라보면서 잘 견디며 극복하였다. 이것은 바로 365일 새벽기도회를 비롯한 금식기도, 전교우 마라톤 연속기도회, 구역별 기도회와 99회 건축기금바자회 개최의 결과인 줄 확신한다.

이처럼 코람데오(Coram Deo) 하나님의 엄숙함 앞에서 무릎을 꿇고 기도의 영성을 가질 때에 모든 문제가 해결되고, 주님과의 신령한 연합을 통하여 새 힘과 능력을 얻으며, 새로운 소망과 비전을 주실 줄 믿는다.

"일을 행하시는 여호와, 그것을 만들며 성취하시는 여호와, 그의 이름을 여호와라 하는 이가 이와 같이 이르시도다 너는 내게 부르짖으라

---

166) 필라델피아 벧엘장로교회는 한인들이 밀집되어 거주하는 북부 필라델피아에 위치하고 있다. 1984년 6월 3일, 공동저자인 안재도 목사의 가정에서 초신자 3명이 모여서 시작하여 성장 부흥하였다. 현재 담임 안재도 목사가 시무 중이다. Bethel Korean Presbyterian Church, 6866-70 North 7 St., Philadelphia, Pennsylvania, 19726, USA www.bethelphila-church.org

내가 네게 응답하겠고 네가 알지 못하는 크고 은밀한 일을 네게 보이리라"(렘 33:2-3).

위대한 주의 종들의 기도의 영성을 비롯한 수많은 지성과 영성과 인성이 흘러가는 역사의 흐름 속에 파묻히게 두어서는 안 된다. 오늘 현대사회에 살고 있는 크리스천들과 지구촌에 살고 있는 한인 2, 3세들을 향하여 새벽기도 신학과 새벽기도의 영성을 가르치고 전수하여 하나님 나라가 더욱더 확장되고, 주님의 몸 된 교회가 더욱 튼튼하고 건강하여 지속적으로 교회가 성장되며 부흥하도록 해야 한다.

"하나님이 그 성중에 계시매 성이 흔들리지 아니할 것이라 새벽에 하나님이 도우시리로다"(시 46:5).

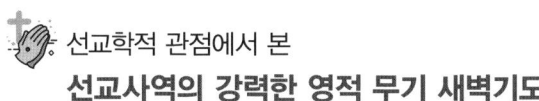

선교학적 관점에서 본
선교사역의 강력한 영적 무기 새벽기도

'선교'(mission)는 '보내다, 파견하다'라는 뜻을 가진 라틴어 '미토'(mitto)에서 유래된 말로, 선교란 '보냄을 받는다'는 것이 사실이라면, 선교사는 '보냄을 받은 자'라는 뜻이다. 사도 바울은 죄인 된 인간을 구원하시는 하나님의 뜻과 그의 경륜 속에서의 구원 섭리는 보냄을 받은 자 없이는 그리스도의 복음이 전파될 수 없고, 들을 수도 없고, 믿을 수도 없고, 구원받을 수도 없다고 말함으로써 보냄을 받은 자, 즉 선교사의 필요성을 설파하였다.

"그런즉 그들이 믿지 아니하는 이를 어찌 부르리요 듣지도 못한 이를 어찌 믿으리요 전파하는 자가 없이 어찌 들으리요 보내심을 받지 아니하였으면 어찌 전파하리요 기록된바 아름답도다 좋은 소식을 전하는 자들의 발이여 함과 같으니라"(롬 10:14-15).

현대 선교학의 아버지로 불리는 미국 풀러 신학교의 맥가브란(D. McGavran)은 "선교란 예수 그리스도를 따르지 아니하는 사람들에게 전도하기 위하여 복음을 들고 문화 경계를 넘는 것이며, 또한 사람들을 권면하여 예수 그리스도를 주와 구주로 영접하게 하는 것이다"[167]라고 정의하였다.

이러한 선교의 이론 속에서 실제적인 선교 방법에는 세 종류가 있는데 첫째는 '발 선교'(leg mission)이고, 둘째는 '손 선교'(hand mission)이며, 셋째는 '무릎 선교'(knee mission)[168]이다.

첫 번째, '발 선교'는 지구촌 선교지 현장에 가서 예수 그리스도의 복음을 전파하는 일선 선교사들의 선교사역이다. 그들은 생명을 하나님께 전적으로 맡기고 복음을 전파한다. 가정과 자녀들보다는 먼저 예수 그리스도의 복음을 생각한다. 한 영혼을 구원하기 위하여 동분서주하면서 뛰어다닌다. 종종 선교사들은 선교지로 떠날 때마

---

167) Donald A. McGavran, *Contemporary Theology of Mission* (Gran Rapids: Baker Book House, 1983), p. 26; *Understanding Church* (Grand Rapids: WM. B. Eerdmans Publishing Company, 1980), pp. 56-69.
168) 안재도,《독보 안중섭 회고록》(서울: 쿰란출판사, 2015), pp. 265-271.

다 "저는 선교지에서 뼈를 묻겠습니다!"라고 외치면서 떠난다.

두 번째, '손 선교'는 복음의 최전방에서 생명을 걸고 복음을 전파하는 선교사들의 사역이 아니라, 그들의 선교사역이 성공적으로 수행될 수 있도록 후방에서 물질을 공급하는 선교사들을 위한 사역이다. "선교가 총이라면 선교 헌금은 총알이다"라는 말이 있듯이, 아무리 훈련이 잘된 군인이라 할지라도 혹은 최첨단 무기와 총을 가지고 있다 할지라도 총알이 없으면 아무런 쓸모가 없는 무용지물이 되고 만다.

그래서 고린도후서 8장 1-5절에서 최초의 이방인 선교사인 사도 바울은 선교사역을 돕는 마게도냐 교회의 연보에 대하여 말하면서, 그들은 핍박과 환난, 가난과 굶주림, 고통과 아픔 속에서도 기쁨으로 연보하였다고 칭찬하면서 감사하였다.

세 번째, '무릎 선교'는 복음의 최전방에서 생명을 걸고 복음을 전파하는 선교사들의 사역이 아니라, 후방에서 그들의 선교사역이 성공적으로 수행되도록 협력하는 선교사들을 위한 기도 사역이다. 그래서 손 선교는 선교헌금으로 선교사역을 돕는 것이라며, 발 선교는 선교지 현장에 나가 뛰어다니며 복음을 전파하는 사역이고, 무릎 선교는 무릎을 꿇고 기도로 돕는 기도의 선교사역이다.

그러므로 기도는 선교의 최고 최대의 첨단 무기이다. 이것은 선교의 영적 무기이다. 선교는 기도로 출발하고, 기도로 진행하고, 기도로 선교의 열매를 맺어야 한다. 최고의 성공적인 선교 전략은 바로 기도이다. 기독교 역사상 가장 위대한 선교사는 기도의 능력과 기적을 믿고, 기도의 영성을 소유하였던 기도의 사람이었다.

오늘날 100년이 훨씬 넘는 역사를 지닌 한국교회는, 미국과 서구권 선교사들로부터 받은 예수 그리스도의 복음을, 이제는 그들을 향하여 '복음의 역수출!'을 할 때가 되었다. 그들을 향하여 한국교회가 할 수 있는 최고의 수출 상품은 바로 '새벽기도 신학!'이며 '새벽기도의 영성!'인 줄 확신한다. 한국교회가 보낸 수많은 선교사들이 지구촌에서 새벽기도 신학과 새벽기도 영성을 가르치고, 그들의 삶 속에 적용시켜 가는 곳곳마다 놀라운 선교의 열매를 맺고 선교의 능력과 기적을 창출하고 있다.

미국 필라델피아 벧엘장로교회(BKPC)와 교우들은 오직 말씀과 365일 매일 새벽예배를 통하여 기도의 영성을 가지고 지구촌 세계선교와 제자양육에 앞장서고 있다. 2009년 벧엘장로교회는 "너희는 먼저 그의 나라와 그의 의를 구하라"(마 6:33)는 말씀에 입각하여 하나님 나라 확장과 더불어 주님의 몸 된 교회를 세워 제자를 삼고, 예수 그리스도의 전도 대위임명령(Jesus Christ's Great Commission), 즉 "예수께서 나아와 말씀하여 이르시되 하늘과 땅의 모든 권세를 내게 주셨으니 그러므로 너희는 가서 모든 민족을 제자로 삼아 아버지와 아들과 성령의 이름으로 세례를 베풀고 내가 너희에게 분부한 모든 것을 가르쳐 지키게 하라"(마 28:18-20)는 명령을 수행하기 위하여 지구촌에 벧엘 지교회를 세우고, 목회자와 영적 지도자를 양육하고 훈련시키는 선교사역을 감당하고 있다.

현재 다음과 같은 지구촌 22개 벧엘 지교회[169]들을 세우고 복음 전파에 힘쓰고 있다. 그리고 목회자와 영적 지도자들을 교육하고 훈련시키기 위하여 지구촌에 30개 벧엘신학대학 분교(Branches, Bethel College & Seminary)[170]를 세우고, 다음과 같은 교육 목표 아래 운영하고 있다.

● BCS 교육 목적(educational purpose)
첫째, 살아 계신 하나님의 신구약 성경 말씀에 입각하여 칼빈주의 정통 개혁주의 신학을 정립한다.
둘째, 예수 그리스도의 복음에 불타는 열정과 지성을 겸비한 영성 개발이다.
셋째, 경건과 기도를 통하여 영혼을 사랑하며 겸손하게 섬기는 자세이다.
넷째, 제자화 훈련과 영적 리더십을 통하여 지속적인 교회 성장과 효과적인 목회전략을 세운다.

---

169) 필라델피아 벧엘장로교회(Bethel Korean Presbyterian Church of Philadelphia, Pennsylvania, USA)는 2007년 1월부터 2020년 11월까지 지구촌에 현지인 교회 22개를 건축하였다. 각 나라별로 보면 필리핀 9개 교회를 비롯하여 미얀마 2개, 인도네시아 1개, 베트남 2개, 캄보디아 2개, 아이티 공화국 1개, 아프리카 콩고, 탄자니아와 우간다에 3개, 중남미 과테말라에 1개를 건축하였다.
170) 2009년 필라델피아 벧엘장로교회(BKPC)는, 예수 그리스도의 전도 대위임명령(마 28:18-20)을 수행하기 위한 목회자 양성과 훈련을 위하여 선교적인 차원에서 벧엘신학대학(BCS)을 설립하였다. 현재 지구촌 26나라 30개 지역에서 운영되고 있으며, 본교는 미국 필라델피아이며, 분교는 각 나라별로 운영되고 있다. 필리핀을 비롯하여 캄보디아, 중국, 미얀마, 피지, 중국, 몽골, 멕시코, 과테말라, 칠레, 볼리비아, 콜롬비아, 에콰도르, 엘살바도르, 파라과이, 도미니카 공화국, 아이티 공화국, 카자흐스탄, 우크라이나, 프랑스, 스페인, 네덜란드, 벨기에, 아프리카 남수단과 알타이 공화국이다.

다섯째, 지구촌의 다양한 문화(multi-culture) 속에서 선교 전략을 세우고 선교사를 양성한다.

● BCS 학훈(instruction)
첫째, 진실한 성도가 되라(to be true christian).
둘째, 충성스러운 목회자가 되라(to be a faithful pastor).
셋째, 복음적인 선교사가 되라(to be a evangelical missionary).[171]

또 이뿐인가? 미국 필라델피아 벧엘장로교회와 동일한 도로인 챌튼햄 애비뉴(Cheltenham avenue) 선상에 있는 미국 북부 필라델피아 에논 장막 침례교회(Enon Tabernacle Baptist Church, North Philadelphia)[172]는 한국교회의 새벽기도 신학과 새벽기도 영성의 역수출을 받아 대형교회로 크게 성장 부흥시킨, '한국식 새벽기도회의 개최로 성장 부흥한 미국 교회들의 모델'이 되었다. 지금도 미국의 에논 장막침례교회는 같은 선상에 있는 코리안 벧엘장로교회를 향하여 기도의 손길을 보내고 있는 느낌이다. 이 교회는 흑인 대형교회로서 알린 왈러 목사(Rev. Dr. Alyn E. Waller)[173]가 담임하고 있으

---

171) 필라델피아 벧엘장로교회(BKPC), 〈2020/2021년 교회일람표〉 and 〈Bethel College & Seminary's Pamphlet〉, www.bcsusa.org
172) 에논 장막침례교회(Enon Taberacle Baptist Church)는 1980년도에 설립된 침례교회로 두 개의 교회로 함께 운영되고 있다. 첫 번째 교회는 230 W. Coulter Street, Philadelphia, PA. 19144에 있으며, 두 번째 교회는 2800 W. Cheltenham Avenue, Philadelphia, PA. 19150에 있다.
173) 담임 알린 왈러 목사(Rev. Dr. Alyn E. Waller)는 Ohio University(B.S)를 졸업하고 Souther Baptist Theological Seminary(M.Div), Palmer Theological Seminary(D. Min)와 Lincoln University에서 명예박사(Honorary Doctor)를 받았다.

며, 한인동포들이 많이 사는 지역에 있다.

1980년 북부 필라델피아의 저멘타운(Germantown) 지역에서 에논 장막침례교회가 설립되었다. 1997년에 담임 왈러 목사는 대필라델피아 지역 한인교회협의회가 주관하는 한국교회 방문팀에 참가하여 여러 한국교회를 방문하는 중에, 서울 명성교회(담임 김삼환 목사)의 새벽예배에 참여하여 큰 은혜와 감명과 도전을 받고, 미국으로 돌아와 자신의 교회에 적용시켜서 새벽기도회를 시작하여 급성장하며 부흥하는 대형교회로 만들었다. 1994년도에 에논 장막교회의 교인 수가 350명 선이었는데, 26년이 지난 2020년도에는 18,000명을 초과하는 대형 메가교회(mega church)로 급성장하였다.

현재 에논 장막교회는 두 개의 교회로 운영되고 있다. 1980년의 첫 모교회는 구세대 흑인 교인들이 주축이 되어 현재 매주일 3,000여 명이 참석하고, 월요일을 제외하고 매일 오전 6시에 새벽기도회로 모이고 있다. 2005년에 두 번째 설립한 자매 교회는 한인 동포들이 많이 살고 있는 챌튼햄(Cheltenham) 지역에 설립되어, 신세대 흑인 교인들이 주축이 되어 현재 15,000여 명이 참석하고, 오전 6시에 주일 새벽기도회만 모인다. 2021년 5월 현재, 애논 장막침례교회는 두 개 교회가 합쳐서 18,000명의 교인들이 모이고 있다. 한국식 새벽기도회의 기적이 필라델피아 에논 장막침례교회에 일어난 것은 복음의 능력이요, 선교의 기적이다. Amazing! Wonderful! 할렐루야 아멘!

이러한 결과는 담임 알린 왈러 목사가 한국교회의 수출상품인 '새벽기도 신학과 새벽기도 영성'을 도입하여, 그의 목회사역에 적용시켜서 급성장하여 부흥하는 교회로 만든 것이다. 알린 왈러 목사는 자신이 섬기는 본 교회가 이렇게 급성장 부흥한 이유를 한마디로, "소울 투 서울, 서울 투 소울"(soul to Seoul! Seoul to soul)이라고 말하였다. 이것은 왈러 목사가 만들어 낸 것으로서 영어 구사법상 "흑인 영성이 서울로 가고, 서울서 올 때는 더욱 뜨거운 흑인 영성으로 돌아왔다"는 뜻이다. 즉 한국의 새벽기도 영성을 통하여 미국의 작은 교회를 초대형 교회로 성장 부흥시켰다는 의미이다.

1900년대를 전후하여, 한국을 예수 그리스도로 복음화하고 한국인들의 영혼을 살리기 위하여, 미국 동부에서 많은 미국인 선교사들이 조선땅으로 파송되었다. 그런데 이제는 한국교회가 '새벽기도'라는 경건한 수출 상품을 만들어서, 미국의 첫 번째 수도요 세계 정통 개혁주의 신학의 요람이라고 불리는 필라델피아 시에 있는 에논 장막침례교회로 역수출하여, 급성장 부흥하는 교회로 첫 열매를 맺게 되었다. 이것은 한국교회의 새벽기도 신학과 새벽기도 영성을 수출한 '제1호 성공적인 모델!'이라고 명명하고 싶다.

아울러 이 책의 공동저자 두 사람은 너무나 크신 하나님의 은혜와 복음의 능력, 선교의 기적과 열매를 통하여 하나님께 크신 영광을 돌린다. 오직 하나님께 영광! Soli Deo Gloria!

앞으로 계속하여 한국교회의 최고 수출상품인 '새벽기도 신학과 새벽기도의 영성!'이 전 세계 지구촌을 향하여 널리 전파되어 제2,

제3의 에논 장막침례교회와 수많은 교회들이 세워져서 하나님 나라가 더욱더 확장되며, 예수 그리스도의 전도 대위임명령이 수행되길 소원한다. 할렐루야 아멘!

"예수께서 나아와 말씀하여 이르시되 하늘과 땅의 모든 권세를 내게 주셨으니 그러므로 너희는 가서 모든 민족을 제자로 삼아 아버지와 아들과 성령의 이름으로 세례를 베풀고 내가 너희에게 분부한 모든 것을 가르쳐 지키게 하라 볼지어다 내가 세상 끝날까지 너희와 항상 함께 있으리라 하시니라"(마 28:18-20).

참고문헌 | Bibliography

해외서적

A Kempis, Thomas. *The Imitation of Christ*. Grand Rapids, Baker Book House, 1982.

Berkhof, Louis. *Systematic Theology*. Grand Rapids: WM. B. Eerdmans Publishing Company, 1974.

_____, *Manual of Christian Doctrine*. Grand Rapids WM. E. Eerdmans Publishing Company, 1968.

Bounds, E. M. *The Power Through Prayer*. Seoul: Word of Life Press, 2008.

Calvin, John. *Institutes of the Christian Religion*. ed. John T. McNeill. Philadelphia: Westminster Press, 1973.

_____, *Commentaries on the Epistles of Paul the Apostle to Romans*. Grand Rapids: Baker Book House, 1979.

_____, *Commentary on the Twelve Minor Prophets*. Grand Rapids: Baker Book House, 1979.

_____, *Commentary on the Epistles of Paul the Apostle to the Corinthians*. Grand Rapids: Baker Book House, 1979.

Craig, Samuel G. *Christianity Rightly So Called*. Phillipsburg, New Jersey: Presbyterian and Reformed Publishing Company, 1946.

Foster, Richard J. *Prayer*. San Francisco: Harper & Row, 1992.

_____, *Celebration of Discipline: The Path to Spiritual Growth*. San Francisco: A Division of Harper Collins Publishers, 1998.

Guralnik, David B. *Webster's New World Dictionary of American English*. New York: Simon & Schuster, Inc., 1988.

Hendriksen, William. *New testament Commentary : The Gospel of Mark, Matthew, Luke*. Grand Rapids: Baker Book House, 1984, 1989, 1990.

Hodge, Charles. *Systematic Theology*. Grand Rapids: WM. B. Eerdmans Publishing Company, 1981.

Lee, Sang Hyun, *Korean American Ministry*, New Jersey: Program for Asian American Theology and Ministry, Princeton Theological Seminary, 1987.

Lee, Sook Inn and Timothy D. Son editors. *Asian Americans and Christian Ministry*. Seoul, Korea: Voice Publishing House, 1999.

Lewis, C.S. ed. Perry C. Branmler. *C.S. Lewis: Life at the Center*. Macon, Georgia: Smith & Helwys Publishing, 2002.

Lloyd Jones, D. Martyn. *Courageous Christianity*. Volume 2. Edinburgh: The Banner of Truth, 2001.

Murry, John. *Redemption Accomplished and Applied*. Grand Rapids: WM. B. Eerdmans Publishing Company, 1961.

McGavran, Donald A. *Contemporary Theology of Mission*. Grand Rapids: Baker Book House, 1983.

_____, *Understanding Church*. Grand Rapids: WM. B. Eerdmans Publishing Company, 1980.

Rice, Howard L. *Reformed Spirituality, An Introduction for Believers.* Louisville, Kentucky: John Knox Press, 1985.

Richard, Lucien Joseph. *The Spirituality of John Calvin.* Atlanta: John Knox Press, 1947.

Ridderbos, Herman. *PAUL: An Outline of His Theology.* Grand Rapids: WM. B. Eerdmans Publishing Company, 1982.

Schaeffer, Francis A. *The Complete Works of Francis A. Schaeffer: A Christian Worldview.* Volume 3. Illinois: Crossway Books, 1990.

_____, *True Spirituality.* Illinois: Tyndale House Publishers, 1980.

Schawchuck, Norman. *A Guide for Prayer for Minster and Other Servants.* Nashville: The Upper Room, 1983.

The General Assembly of the United Presbyterian Church in the United Sates of America. *The Book of Confession: the Constitution of PCUSA.* New York & Atlanta: Office of the General Assembly, 1970.

Toynbee, Arnold. *Christianity Among the Religion of the World.* New York: Sharles Scrbners, 1957.

Wakefield, Gordon S. *The Westminster Dictionary of Christian Spirituality*, Philadelphia: Westminster Press, 1983.

Wallace, Ronald S. *Calvin's Doctrine of the Christian Life.* Edinburgh and London: Oliver and Bayd, 1959.

Williamson, G. I. *The Westminster Confession of Faith.* Philadelphia: The Presbyterian and Reformed Publishing Company, 1964.

국내서적

간하배, (Harvie M. Conn),《현대신학해설》, 서울: 한국개혁 주의신행협회, 1975.

강병도,《뉴호크마 주석 1》, 서울: 기독지혜사, 2013.

강혜원,《한국 문학사 1》, 서울: 휴머니스트, 2012.

개혁주의교회성장학회,〈개혁주의 교회성장〉통권 제1호-3호, 서울: 개혁주의 성장학회, 2006.

고무송,《별처럼 밀알처럼》, 서울: 쿰란출판사, 2007.

기독교대백과사전편찬위원회,《기독교 대백과사전》, 서울: 기독교문사, 1983.

길원필,《한국교회부흥의 밀알들: 갓피플 18》, 서울: 도서출판 예루살렘, 2002.

김대인,《숨겨진 한국 교회사: 민족교회의 발생》, 서울: 한들 출판사, 1995.

김의환,《복음주의 신학과 한국교회의 신앙》, 서울: 총신대학교 출판부, 2000.

김재성,《칼빈의 삶과 종교개혁》, 서울: 이레서원, 2001.

김충남,《순교자 주기철 목사》, 서울: 백합출판사, 1970.

나용화,《영성과 경건》, 서울: 기독교문서선교회, 1999.

대한불교조계종교육원 불학연구소,《수행법 연구》, 서울: 조계종 출판사, 2006.

데이비드 왓슨,《제자도》, 문동학 역, 서울: 두란노, 1981.

C.S. 루이스,《작은 그리스도 C.S. 루이스》, 강주헌 역. 서울: 엔크리스토 출판사, 2002.

명성훈,《교회 성장의 영적 차원》, 서울: 서울서적, 1993.

민경배,《한국 기독교회사》, 서울: 대한기독교 출판사, 1989.

E.M. 바운즈,《기도의 능력》, 이정윤 역, 서울: 생명의 말씀사, 2008.

박아론,《새벽기도의 신학》, 서울: 세종문화사, 1974.

,《 현대신학은 어디로?》, 서울: 기독교문서선교회, 1981.

　　　　　,《기독교의 변증》, 서울: 기독교문서선교회, 1988.

　　　　　,《새벽기도 이야기》, 서울: 기독교문서선교회, 2010.

　　　　　,《현대신학 연구》, 서울: 기독교문서선교회, 1989.

박용규,《초대교회사》, 서울: 총신대학교 출판부, 1996.

　　　　　,《한국 기독교회사 1권》, 서울: 생명의 말씀사, 2012.

　　　　　,《한국 장로교 사상사》, 서울: 총신대학교, 1992.

박형룡,《교의신학 구원론》, 서울: 한국기독교육연구원, 1977.

　　　　　,《교의신학 인죄론》, 서울: 한국기독교육연구원, 1977.

송삼용,《영성의 거장들》, 서울: 기독신문사, 2003.

안병무, "순교자의 개념의 어제와 오늘", 〈기독교사상〉 4월호 (1973).

안재도,《50인 영성 인물사》, 서울: 쿰란출판사, 2020.

　　　　　,《개혁주의 영성과 삶》, 서울: 쿰란출판사, 2006.

　　　　　,《독보 안중섭 회고록》, 서울: 쿰란출판사, 2015.

　　　　　,《주기도문 해설》, 서울: 쿰란출판사, 2012.

안재은,《훈련받는 제자, 일하는 제자》, 서울: 예루살렘, 2005.

　　　　　,《선교사의 삶과 실제 제1권》, 서울: 총신대학교 선교대학원, 1998.

오상철,《이민신학》, 서울: 쿰란출판사, 2008.

오성춘,《영성과 목회》, 서울: 장로회신학대학교 출판부, 1997.

워싱톤 한인 목회연구원,《이민목회와 신학》, 서울: 쿰란출판사, 2006.

유동식,《한국종교와 기독교》, 서울: 대한기독교서회, 1988.

이광숙,《개화기의 외국어 교육》, 서울: 서울대학교 출판문화원, 2015.

이완재,《영성신학 탐구》, 서울: 성광문화사, 2001.

이정식,《구한말의 개혁 독립투사 서재필》, 서울: 서울대학교 출판부, 2003.

인물한국사 편찬위원회,《인물 한국사 고려 II》, 서울: 박우사, 1965.

정성구,《칼빈주의 사상대계》, 서울: 총신대학교 출판부, 1995.

_____,《칼빈주의 사상과 삶》, 서울: 기독교문서선교회, 1989.

정용석,《기독교 영성의 역사》, 서울: 은성, 1977.

조지 뮬러,《5만 번 응답 받은 뮬러의 기도 비밀》, 홍일권 역, 서울: 생명의 말씀사, 2001.

존 칼빈,《기독교 강요》상권, 신복윤 역, 서울: 생명의 말씀사, 1988.

최갑종,《예수님이 주신 기도》, 서울: 이레서원, 2000.

필립 홀트롭,《기독교강요 연구핸드북》, 박희석 역, 서울: 크리스천 다이제스트, 2003.

한국기독교성령100년사편찬위원회,《한국기독교성령백년인물사 I》, 서울: 쿰란출판사, 2009.

한국기독교사연구회,《한국 기독교의 역사 I》, 서울: 기독교문사, 1989.

한국(NCC)신학연구위원회,《민중과 한국 신학》, 서울: 한국 신학연구소, 1988.

한국콘텐츠진흥원,〈문화원형백과: 승려생활〉, 2005.

색인 | Index

가

가톨릭 교회 18, 19, 23, 24, 67, 68, 131
간디(Gandhi) 170, 173, 181, 191, 194
강남중앙교회 208
개성 선죽교 163
개혁주의 경건영성
개혁주의 전통 26, 27, 35, 88
갬블, 리처드(Gamble, Richard) 28
게르송(Gerson) 29
경건신학(경건영성) 24
경남노회 140
경남학원 140
고려문(Korea gate) 69
고백교회 149
고요(tranquility) 87, 93, 101, 103, 142, 158, 198, 199
고창교회 84
공양왕 162, 165
관상기도 18, 19
광림교회 208
교남학회 151
구덕산 143
그로테, 게라드(Groote, Gerard) 30
금란교회 208
기다림의 신학 188, 190, 191

기독교 강요   29, 31, 32, 33, 94, 113, 115, 227
기독교 교육 우선사상   173, 180
기독교 영성사전   20
길선주   4, 6, 8, 13, 67, 68, 70, 71, 72, 73, 76, 77, 78, 79, 80, 83, 84, 112, 141, 193, 194, 195, 196, 197, 204
길진경   72
김광제   172
김익두   140, 204
김종섭   71
김진기   68, 69
김화식   143

나

남궁억   176, 177
네비우스 방법(Nevius Mission Method)   206
노벨 문학상   182
노블(Noble, W. A.)   105
뉴미너스(Numinous)   113
뉴에이지 운동(New Age Movement)   19

다

다원주의   179
단심가   162, 163, 166
더욱 예수 사상   129, 133
데벤트(Deventer)   30
데이비스(Davis, G.T.B)   82
도교(Taoism)   71
도량석   196

도미다 목사　145
도이빌드, 헤르만(Dooyweerd, Herman)　154, 155
동대문 중앙교회　208
동양철학　15
듀이, 존(Dewyer, John)　179, 180
디오니소스 신학(Dionysian Theology)　184, 186
뚜렷한 천당지옥관　111, 112, 115, 116, 121

라

라이스, 하워드(Rice, Howard)　26
로빈슨, 존(Robinson, John)　114
로스, 존(Rose, John)　69
루니아, 클라스(Runia, Klaas)　136
루이스(Lewis, C. S.)　203
루이스빌 장로교신학교(Louisville)　183
루터, 마틴(Luther, Martin)　48, 123, 135, 144, 200
리, 그래함(Lee, Graham)　80
리델보스, 헤르만(Ridderbos, Herman)　102, 122, 205
리에츠(Riez)　17
리처드, 요셉(Richard, Joseph)　29, 94

마

마포삼열(Moffett, Samuel Austin)　71, 108, 116
맥가브란 도날드(McGavran, Donald A.)　214
맥킨타이어, 존(MacIntire, John)　68, 69
머레이, 존(Murry, John)　90
머튼, 토머스(머톤, 토마스)(Merton, Thomas)　18, 19
메이지 대학교　169, 174, 181

명성교회　207, 219
몰트만, 위르겐(Jurgen Moltmann)　85, 117, 118, 119, 120, 121, 188, 189
묘향산　143
무릎 선교(Knee Mission)　214, 215, 216
문창교회　138, 140, 151
물산장려운동　172, 174
뮬러, 조지(Muller, George)　203
민병석　106
민영휘　106
민족적 구원 대망 신앙　187, 188, 191
민족적 동고동락 사상　181, 182, 194

바

바르트, 칼(Barth Karl)　146, 147, 149
박치론　231
박형룡　4, 88, 135, 141, 185, 226
발 선교(Leg Mission)　214, 215
방기창　71
방위량(Blair, W.N)　77
방응모　171
배도사상　155
백관성　70
백유계　105, 107
백홍준　68, 69, 70, 193
벌코프, 루이스(Berkhof, Louis)　96, 129
베네딕트(Benedict) 수도원　17
벧엘신학대학(BCS)　6, 7, 11, 13, 217
벧엘장로교회(Philsdelphia, USA)　212, 216, 217, 218, 219

본 회퍼, 디트리히(Bonhoeffer, Dietrich)   149, 150, 152

불교   15, 19, 72, 125, 195, 196, 225

비공유적 속성(incommunicable attributes)   145

비신화화   117, 118, 119

사

사랑의교회   207

삭주교회   105, 107

산정현교회   109, 138, 141, 142, 145, 151, 163, 165, 170, 171, 174

삼업   195

삼천리반도 금수강산 신학   5, 7, 13, 104, 169, 173, 174, 181, 187, 189, 191, 194

새벽기도 문화   86

새벽기도 신학   4, 6, 10, 13, 85, 86, 103, 193, 194, 198, 213, 216, 218, 220

새벽기도 영성   4, 6, 10, 13, 39, 50, 65, 67, 70, 71, 84, 85, 86, 103, 121, 125, 174, 193, 194, 198, 202, 216, 218, 220

새에덴교회   5, 13, 208

생기(vitality)   101, 102, 103, 158, 173, 199

샤우척, 노만(Schawchuck, Norman)   20, 21

서경조   71

서상동   172

서울충무교회   208

성공회   67, 68, 114

소망교회   207

소안론(Swallen)   80

소크라테스(Socrates)   15

손 선교(Hand Mission)   214, 215

손양원   140

솔제니친, 알렉산드로(Solzhenitsyn, A.)   182

송진서 232
송진우 84
수영로교회 208
수원제일교회 6, 208
수원중앙교회 208
숭실학교 170, 174
숭인중학교 171, 174
스탈린(Stalin, I.V.) 182
스토아 철학(Stoic Philosophy) 127
스토트, 존(Stott, John R.W) 28, 202, 203, 204
스펄전, 찰스(Spurgeon, Charles H.) 28, 203
신간회 171
신경건운동(Devotio moderna) 30, 32, 131
신비(mystery) 87, 92, 103, 112, 158
신비적 연합 94, 95, 97, 98, 99, 100
신앙 정조론 157, 159, 160, 161
신인협동론적 영성(Synergistic spirituality) 25
신정통주의 145, 146
신 존귀 사상 143, 144, 147, 148, 149, 151, 157
신학대전(summa theology) 17
심령학 15

아

아레오바고(Areopagus) 127
아리스토텔레스(Aristotles) 31
아우렐리우스, 마르쿠스(Aurelius, Marcus) 156
아 켐피스, 토마스(A Kempis, Thomas) 30, 131, 133
아퀴나스, 토마스(Aquinas, Thomas) 17, 146

아폴로 신학(Apollonian Theology) 184
안갑수 140
안익태 177
안창호 169, 170
알렌, 호레이스(Allen, Horace) 80
알미니안파(Arminians) 131, 185
양식비판 117, 118
양전백 71
어거스틴(Augustine) 32
에논 장막침례교회(Enon Tabernacle, USA) 218, 219, 220, 221
에드워즈, 조나단(Edwards, Jonathan) 28, 83, 200, 201, 202, 204
에라스무스(Erasmus) 29
에큐메니칼 종교(Ecumenical religion) 126
에피쿠로스(Epicurean) 127
여의도 순복음교회 208
영락교회 207
영성신학 13, 14, 20, 22, 23, 24, 25, 28, 37, 47, 226
영적각성운동 8, 76, 80, 83, 84, 194, 200, 202
예불 72, 195, 196, 197
예수성교전서 70
예수천당 신학 5, 7, 13, 104, 105, 109, 110, 111, 112, 115, 121, 122, 125, 128, 129, 137, 194
예일 대학교(Yale University, USA) 83, 200, 201
오리겐(Origen) 31
오산학교 139, 151, 169, 170
오정모 140, 155, 160, 161, 166
오직 예수 사상 121, 122, 123, 124, 125, 127, 129
오토, 루돌프(Otto, Rudolf) 112

온누리교회　207
올 소울즈 교회(All Souls Church, England)　202
왈러, 알린(Waller, Alyn. E.)　219, 220
왓슨, 데이비드(Watson, David)　47
왕성교회　207
용두산　140
웅천교회　138
웅천 보통학교　138
워싱턴 지역 한인목회연구원　211
원산부흥운동　210
웨스트민스터 기독교 영성사전
웨스트민스터 소요리문답(Westminster Shorter)　37, 147
웨스트민스터 신앙고백서(Westminster Confession of Faith)　132
웨스트민스터 채플(Westminster Chapel)　64
웨슬리, 존(Wesley, John)　200, 204
웨이크필드, 고든(Wakefield, Gordon)　20
웨일스(Wales, England)　76
웹스터 사전(Wester Dictionary)　14
유교　15, 125
윤회론　195
의주　69, 80, 82
이광수　139, 176
이그나티우스(Ignatius)　156
이기풍　71, 204
이민역사　210, 211
이방원　162, 163
이성계　162
이성하　68, 69

이승훈　139, 170
이유택　143
이응찬　68, 69
인과업보　195
인문주의　29, 32
인천 송도　82
인천 주안교회　207
일사각오 신학　5, 7, 13, 104, 138, 142, 143, 147, 149, 154, 155, 156, 157, 161, 194
임마누엘교회　208
임 향한 일편단심　161, 162, 166, 167

자

자아성찰기도　18, 19
자유대학교(Free University, Holland)　154, 178
장대현교회　8, 68, 71, 76, 80, 83, 171, 193
재령　76, 82
저맨타운(Germantown, USA)　219
저스틴(Justin the Martyr)　156
전도대위임명령(Christ's Great Commission)　192, 216, 217, 221
정도전　163
정몽주　161, 162, 163, 164, 165, 166, 167, 168
정익로　76
제1계명 제일주의　143, 147, 148, 149, 151, 157
제자도(Discipleship)　47, 202
조경학　169
조만식　5, 7, 13, 85, 86, 103, 139, 140, 169, 170, 171, 172, 173, 174, 175, 176, 177, 180, 181, 182, 183, 187, 188, 189, 191, 192, 194, 204
조병옥　171

존스, 로이드(Jones, D. Martyn Lloy)   64
종승   196
주기도문   46, 47, 48, 73, 226
주기복   139
주기철   5, 7, 13, 85, 86, 138, 139, 140, 141, 142, 143, 145, 147, 148, 149, 150, 151, 152, 153, 154, 155, 156, 157, 160, 161, 163, 164, 165, 166, 167, 168, 171, 174, 176, 194, 204, 225
주현선   138
중보기도   19, 73, 74, 75, 114
지구촌교회   208

자

창성   82
창원   138, 165
척화비   69
천당 지옥관   111, 112, 115, 116, 117, 119, 121
천로역정(Pilgrim's Progress)   71
청교도 신앙관   206
첼튼햄(Cheltenham, USA)   218, 219
초량교회   138, 140, 151
최봉석   5, 7, 13, 85, 105, 106, 107, 108, 109, 110, 111, 112, 115, 116, 117, 121, 122, 124, 125, 128, 129, 130, 131, 133, 134, 135, 136, 137, 194, 204
최준서   106
충무로교회   208
충현교회   207

카

카이퍼, 아브라함(Kuyper, Abraham)   154, 177, 178

칸디두스(Candidus)　17
칼빈, 존(Calvin, John)　23, 26, 27, 28, 29, 31, 32, 113, 123, 135, 144, 175, 193
칼빈주의/칼빈신학(Calvinism)　8, 85, 115, 116, 144, 145, 146, 147, 149, 175, 177, 178, 180, 185, 217, 227
코람데오(Coram Deo: 하나님 앞에서)　38, 115, 178, 198, 212
크레이그, 사무엘(Craig, Samuel G.)　128
크리소스톰(Chrysostom)　31
키케로(Cicero)　31
킨, 샘(Keen, Sam)　183

타

텔 에스 술탄(Tell es Sultan)　57
토인비, 아놀드(Toynbee, Arnold)　126
트라피스트(Trappist)　18
틸리히, 폴(Tillich, Paul)　126, 127

파

파우스투스(Paustus of Reiz)　17
팩커, 제임스(Packer, James)　24
페트라취(Petrarch)　29
펠라기우스주의(Semi-Pelagians)　131
평북노회　108
평서노회　84
평양 영적부흥운동　210
평양장로회 신학교　105
평양형무소　109, 141
폐창운동　172

포스터, 리처드(Foster, Richard J.)　19
폴리캅(Polycarp, Smyrna)　156
풀다(Fulda)　17
프란시스 1세(Francis 1)　33
프린스턴 신학교　116
플라톤(Platon)　31
필라델피아(Philadelphia, USA)　4, 7, 9, 11, 13, 212, 216, 217, 218, 219, 220

하

하여가　162, 163
하와이 그리스도 감리교회　211
하이데거, 마틴(Hidgger, Martin)　117
하이델베르크 요리문답　89
한강의 기적(Han River's Miracle)　86
한석진　71
한정교　169
할렐루야교회　208
핫지, 찰스(Hodge, Charles)　116, 117, 121, 132
헌트(Hunter)　80
헨리, 랙(Henry, Rack)　24
홀트롭, 필립(Holtrop, Philip)　29
홍해 바다(Red Sea)　55, 56
휫필드, 조지(Whitefield, Geroge)　28, 83, 200, 201, 202, 204
휴머니즘(Humanism)　136, 179, 180
희망의 신학(Theology of Hope)　188, 189, 191
히틀러, 아돌프(Hitler, Adolf)　149, 152
힌두교　15

새벽기도 신학과 새벽기도 영성

1판 1쇄 발행 _ 2021년 9월 1일

지은이 _ 박아론·안재도
펴낸이 _ 이형규
펴낸곳 _ 쿰란출판사

주소 _ 서울특별시 종로구 이화장길 6
편집부 _ 745-1007, 745-1301~2, 747-1212, 743-1300
영업부 _ 747-1004, FAX 745-8490
본사평생전화번호 _ 0502-756-1004
홈페이지 _ http://www.qumran.co.kr
E-mail _ qrbooks@daum.net / qrbooks@gmail.com
한글인터넷주소 _ 쿰란, 쿰란출판사
페이스북 _ www.facebook.com/qumranpeople
인스타그램 _ www.instagram.com/qrbooks
등록 _ 제1-670호(1988.2.27)
책임교열 _ 박은아·신영미

© 박아론·안재도 2021 ISBN 979-11-6143-560-2 93230

책값은 뒤표지에 있습니다.
이 출판물은 저작권법에 의해 보호를 받는 저작물이므로 무단 복제할 수 없습니다.
파본(破本)은 구입처에서 교환해 드립니다.